Die Biografie der Familie Dolle ist eigentlich mehr eine »Bierjeojrafie«, hängt sie doch auf das engste zusammen mit der Geschichte des Ausflugslokals »Schützenhaus« – angefangen bei Vater Gottliebs Heirat mit »Frau Schützenhaus« Anno 1910 bis zum Abriß des altehrwürdigen Gemäuers im Jahre 1969. Mit Berliner Herz und Schnauze erinnert sich Sohn Willi in seinem Familienalbum an den Neubeginn 1945, an die großen und kleinen Sorgen der Dolles, an familiäre und gesellschaftliche Einschnitte und Meilensteine, die sie auf ihre Weise, mit gesundem Menschenverstand und einer gehörigen Portion Humor meistern.

Angebote

Werner Bernhardy

Dolles Familienalbum

Eine Berliner Geschichte

Verlag Tribüne Berlin

Umschlagillustration
von Uschi Kosa

Autorenfoto auf der 4. Umschlagseite
von Waltraud Denger

ISBN 3-7303-0445-3

1. Auflage 1989
Lizenz 2 · 611/89 · LSV 7001
Printed in the German Democratic Republic
Gesamtherstellung
Grafischer Großbetrieb Völkerfreundschaft Dresden
Best.-Nr. 686 751 5
00350

Wenn eener ins Rentenalter kommt, is det schon so'ne Sache. Dann hat er nich mehr ville Zukunft vor sich, aber eene Menge Verjangenheit hinter sich. Berühmte Rentner kommen in so eener Lage meistens uff den Einfall, ihre Erinnerungen zu Papier zu bringen. Politiker, Künstler, Wissenschaftler. Ick bin nu zwar keene Berühmtheit. Aber in de Finger juckt et mir trotzdem. Nich, weil ick unbedingt in de Littratur einjehen will. Da würde ick höchstens einjehen wie een Primeltopp. Nee, ick denke da so mehr an eene Art »Familienbrigadetagebuch«, nur für'n Hausjebrauch. Janz trivial, wie man det nennt. So mit allem Drum und Dran und allem Auf und Ab. Eene Art stolzet Sündenregister, an dem noch die Enkel und Urenkel ihre Freude haben sollen.

Nun soll man ja eigentlich seiner Sippe nich in de Suppe spucken. Schon jar nich nachträglich. Aber meine Sippe hat sich im Laufe der Jahre immer wieder Suppen einjebrockt, da mußte man ihr leider rinspucken, wat sicherlich nich jrade fein, aber immer sehr wirksam jewesen is. Aber – ick will ja meinen Jeschichten nich vorgreifen ...

Ick jreife also feierlich zur Feder und befleißige mir, so zu schreiben, wie eenem Berliner der Schnabel jewachsen is. Wenn ick also »Ick« schreibe, dann meine ick damit mir: Willi Dolle, Jahrgang 1909.

I.

Die Biographie der Dolles is eigentlich mehr eene Bierjeojrafie, wie et schon bei Nante heißt. Jahrzehntelang hatte ick mit Bier zu tun. Im väterlichen »Schützenhaus« und als Maurer. Nischt jegen Bier. Und schon jar nischt jegen Weiße mit Schuß.

Die jehörte zu Vaterns Spezialitäten, genau wie Teltower Rübchen in Rindfleischbrühe. Een wahrhaft jöttlicher Fraß war det. Schon Joethe hatte eene Leidenschaft für Teltower Rübchen. Die ließ er sich immer von seinem Musenfreund Zelter aus Berlin nach Weimar schicken. Zelter, een Kollege von mir. Ooch Maurer jewesen. Nebenbei hat er allerdings noch Musike jemacht und wat mit eener akademischen Singebewegung zu tun jehabt. Na ja – ick habe ja immer nur uff de Pauke hauen können … und meistens ooch müssen! Aber – ick will ja meinen Jeschichten nich vorjreifen.

Anno 1910 ehelichte der ausjediente Einjährige Preußische Jardeschütze Gottlieb Dolle das Berliner Ausflugslokal »Schützenhaus« … und nich meine Mutter!

Mein Frollein Mutter war nämlich keene »jute Partie«. Als Tochter eenes Küsters war se arm wie eene Kirchenmaus. Als ick nich mehr zu verheimlichen war und die Betschwestern der Jemeinde merkten, det Muttern keenen Mückenstich uff'm Bauch hatte, trug der brave Küster sein eigenes Sterbedatum ins Kirchenbuch ein und baumelte sich im Glockenstuhl auf. Heiliger Bimbam! Diesen Mißklang hat uns die Jemeinde nie verziehen. Und det allet nur, weil der ehemalige Jardeschütze Gottlieb Dolle jekniffen hatte.

Aber der liebe Gott hatte für Gottlieb keene Liebe, sondern eene jerechte Strafe im Ärmel, jottseidank. Vaterns Ehe mit Frau Schützenhaus blieb nämlich kinderlos. Und dann traf Vatern een weiteres Los: Er wurde seine Frau los und Witwer! Da besann er sich uff eenmal uff seinen Sohn Willi, als wie icke!

Er gab mir notariell seinen Familiennamen und wedelte mit'm »grünen Zweig« wie mit 'ner Friedenspalme.

Ick sollte partout meine Lehre als Maurer aufjeben und bei ihm die Jastronomie studieren!

Aber Mutter hatte ihren Stolz! »Lieber bleiben wir arm, als so eenem reichen Armleuchter nachzujeben!« sagte se immer zu mir. Schon in der Wiege hatte se mir jegen meinen unnatürlichen natürlichen Vater soville Groll einjeimpft, det ick mir noch als Jüngling vor ihm jraulte, wie vor'm schwarzen Mann!

Wir verzichteten also darauf, bei Vater uff'n jrünen Zweig zu kommen, und blieben uns treu, Mutter und icke. Ick beendete meine Maurerlehre, wurde Jeselle, und dann drückten ooch mir die »goldigen Zwanziger« ihren Stempel uff: Ick wurde eener von sechs Millionen Stempelbrüdern!

Einmal in der Woche jönnte ick mir eenen festlichen Erbseneintopp bei Aschinger am Alex.

Aschinger war nich nur für seine preiswerten Eintöppe berühmt, noch berühmter machten ihn seine kleenen runden »Gratis-Brötchen«!

Wie der Mann uff sein Jeld jekommen is und eene Filiale nach der anderen uffmachen konnte, is mir noch heute een ökonomischet Rätsel! Na ja, mit die Raffinessen der Jastronomie habe ick mir ja nie so richtig anfreunden können ...

Zwei Hosentaschen voller Jratisbrötchen verhalfen mir jedenfalls immer für die nächsten Tage zu eenem nahrhaften Frühstück. Mir und Muttern!

Aber ick verdanke dem menschenfreundlichen Kapitalisten Aschinger noch ville mehr: Mein Lebensglück!

Ick stieß nämlich uff Martha! Die war bei Aschinger Serviermädchen.

Als ick Martha det erste Mal erblickte, blieb mir die Erbsensuppe jäh im Halse stecken! Amor muß direkt aus de Suppenterrine uff mir jeschossen haben. Mit Knallerbsen. Jedenfalls war ick schlagartig so verknallt, det ick mir nu mehrmals in der Woche Erbseneintopp spendierte. Bloß, um Martha zu sehen. War det eene Liebe! Martha war siebzehn. Und icke neunzehn.

Martha hatte eenen rabenschwarzen Bubikopp mit Herrenwinker, himmelblaue Augen und eene Himmelfahrtsnase erster Jüte. Een himmlischer Engel! Und Beene hatte se, wie Sektpullen. Die hat se heute noch. Und natürlich ooch die Stupsneese. Und die himmelblauen Oogen.

Ach Martha, ollet Mädchen – weeßte noch unsere erste heimliche Liebesnacht?

Du hattest mich glücklich in die Wohnung deiner Wirtin eingeschleust, »heimlich still und leise« und »immer an der Wand lang« …, und wir durften uns nich mucksen.

Jefährlich ist's, den Leu zu wecken, gar schrecklich is een hohler Zahn …, aber noch schrecklicher is een hohler Magen! Und der knurrte mir jradezu frenetisch. Von »Zimmerlautstärke« keene Spur. Man kann eben von Luft und Liebe allein schlecht leben!

So knurrte ick also deine Wirtin aus'm Schlaf. Sie kloppte an deine Türe, und ick flüchtete mir unters Bette, wie et sich jehört. Nie werde ick verjessen, wie du mit hochrote Ohren janz unschuldig jesäuselt hast: »Wat wollen Sie denn, Frau Krawallke? Ick habe doch nur jeschnarcht.«

Leider knurrte mein Magen wieder los und strafte dich Lügen. Und Frau Wirtin griff zum Schrubber, um nach mir zu stochern. Ick weeß heute noch nich, wie ick uff den rettenden Einfall jekommen bin, jedenfalls fing ick plötzlich an zu knurren und zu bellen, wie een richtiger Köter!

Frau Wirtin hörte uff zu stochern, und du warst jeistesjegenwärtig jenug, um ihr wat von eenem Hund zu erzählen, der dir zujelaufen wäre.

»Morgen kommt mir die Töle wieder aus'm Haus!« erklärte Frau Krawallke drohend und zog sich in ihre Jemächer zurück. Tja, so kann eenen die Liebe uff'n Hund bringen.

Ick war nu zwar dazu verdammt, die janze Nacht nur knurren und kläffen zu dürfen und ooch winseln, aber Martha spielte mein »Frauchen« mit eener Tierliebe, bei der sich selbst Frau Krawallke nischt Böset denken konnte. Martha schimpfte mit mir und schmuste mit mir: »Hübsch brav sein ... Na, wer wird denn beißen wollen? ... Nicht knurren! Komm, gib Frauchen Küßchen ... Jetzt aber husch ins Körbchen!« Und so weiter in der Art.

Jedenfalls prägte Martha damals det jeflügelte Wort: Wo een Willi ist, is ooch een Weg!

Und det habe ick im Laufe der Jahre immer wieder zu hören gekriegt. Nicht nur von ihr!

Vater Gottlieb, der wie een Spinnerich in seinem »Schützenhaus« hockte, draußen im Vorort »Järtnerslust«, bekam nu Witterung von meinem Liebesverhältnis zu eener Serviererin! Und sofort fing er wieder an mit'm grünen Zweig zu wedeln. Diesmal aber nich wie mit 'ner Friedenspalme, sondern wie mit eenem Rettungsring.

Und wat machte meine Martha? Sie griff zu. Mit beide Hände! Wat sollte ick tun? Martha war im vierten Monat. Also griff ick ooch nach dem Rettungsring, und Vater zog uns beide triumphierend an Land.

Für Martha war det det »jelobte Land«!

Ick aber konnte mich nich an Vaters jeldtroppenden Tresen jewöhnen. Zu tief saß mir die Abneigung jegen »Dolles Schützenhaus« in de Knochen. Außerdem plagte mir mein Jewissen, weil ick Muttern die Treue jebrochen hatte.

Vater Jottlieb war nu det Familienoberhaupt.

Martha und icke, wir befanden uns ja noch im unmündigen Alter. Sojar noch vorm Standesamt. Und später uff de Entbindungsstation.

Anno 1929 kam Paule zur Welt!

Der Junge war vom ersten Augenblick an een Sorgenkind. Jedenfalls für mich. Zuerst machte ick mir die jrößten Sorgen, weil Paule aussah wie een Affe. Det jab sich aber mit der Zeit. Und die echten Sorgen jingen erst los, als der Junge immer mehr unter den Einfluß seiner Mutter und seines Großvaters jeriet und een stolzer Hitlerjunge wurde!

Martha hatte nu mal wat für Uniformen und den janzen Klimbim übrig. Und Vater war schon immer eener der größten Hurrapatrioten jewesen. Seine Stammjäste waren nu mal hauptsächlich die treudeutschen Schützenvereine, die über Kümmel und Korn uff Vaterns Pappkameraden zielten.

Als juter Jeschäftsmann hing Vater nich nur seinen Mantel, sondern ooch seinen Schnurrbart nach'm Wind: Bis 1918 trug er ihn wie Kaiser Wilhelm, dann wie Ebert, dann wie Hindenburg. Und nu war er uff die Hitlerbürschte zusammenjeschrumpft, der Schnurrbart!

Ick arbeitete längst wieder als Maurer. Schon, um nich den Budiker spielen zu müssen.

Arbeitslosenheere jab es ja bei de Nazis nich mehr. Und arbeitslose Heere bald ooch nich mehr.

Hätte ick mich man damals mehr um meinen Sohn jekümmert.

Ick versuchte ja, jegen den Strom zu schwimmen. Aber uff de Dauer werden einem da eben de Arme lahm!

Anno 39 wurde ich denn ooch zu die Fahnen jeeilt. Und Martha war mächtig stolz uff mir.

Erst als unser sechzehnjähriges Paulchen zum

Volkssturm mußte, hörte bei Martha der Stolz uff und fing die Angst an! Ooch Vater wurde Volkssturmmann. Sojar Zugführer.

Aber der olle Fuchs blieb in seinem Bau, machte det »Schützenhaus« zu seinem Hauptquartier und Paulchen zu seinem Adjutanten. Doch Vater konnte seine strategischen Fähigkeiten nich mehr unter Beweis stellen. Seine Krüppeljarde verkrümelte sich gleich nach'm ersten Antreten!

So blieben denn Martha, Paule und Vater allein im »Schützenhaus« zurück!

Die beiden Helden hielten sich tapfer an der Theke fest, entschlossen, die Stellung bis zum letzten Troppen zu halten. Und sie versuchten, gegen den immer näherkommenden Jeschützlärm anzugrölen: »Den Iwan bringen wir zum Stehn … am grünen Strand der Spree …, lalala …!«

Bis Paulchen schließlich in seinen Stahlhelm kotzte!

Martha behielt die Nerven. Obwohl se im Jesichte so weiß war wie de Tischtücher, die se mit zitternden Fingern aus'm Wäscheschrank holte.

»Hört endlich uff zu saufen, ihr Idioten! Helft mir lieber, Tischtücher aus alle Fenster zu hängen!«

Aber von weiße Fahnen wollte Vater nischt wissen. Dafür war er schon viel zu blau. Und sah nur noch rot …

»Kapitulieren? Niemals!«

Verjebens jammerte Martha: »Jeden Moment können de Russen kommen!«

»Volk ans Gewehr!« grölte der tapfere Gottlieb. Und weil Martha klugerweise schon vorher sämtliche Karabiner, Panzerfäuste und »Ofenrohre« aus de Fenster jeschmissen hatte, griff Vater zu seiner ollen Museumsflinte, die seit Jahrzehnten als Wahrzeichen über der Theke hing.

»Die hat schon bei Sedan jesiegt!«

Da kloppte es an die Türe.

Man hätte eene Stecknadel fallen hören können, wenn nich der Kanonendonner jewesen wäre.

»Der Iwan ...!«

Martha riß Vatern die olle Flinte aus der Hand, stülpte een weißes Tischtuch uff'n Lauf, hielt die improvisierte »weiße Fahne« mit zitternder Hand in de Höhe und hauchte tapfer: »Herein ...!«

Es war aber keen Iwan, sondern icke, der Oberjefreite Willi Dolle persönlich!

Ick hatte mich von der Truppe abjesetzt, in Richtung Heimat. Vier Minuten vor zwölf!

Während mir meine Martha heulend am Hals hing, kiekten mir mein Vater und mein Sohn grimmig an, als wären se zwee Kettenhunde von de Feldjendarmerie.

Mit eenem Blick erkannte ick die Lage und beschloß zu handeln: »Allet hört uff mein Kommando!«

Aber die beeden Jammerlappen wollten nich parieren. Vater, dem die Uniform zu kleen war, und Paulchen, dem se zu groß war, stellten sich, so jut es jing, uff die Hinterbeene: »Von eenem Fahnenflüchtigen lassen wir uns nischt kommandieren! Wir halten uns an unsern Fahneneid ..., hick!«

Und sie grölten wieder los: »Unsre Fahne flattert uns voran ...!«

Nun flatterte den beiden tatsächlich eene Fahne aus'm Hals, det man sich hüten mußte, mit offenem Feuer zu hantieren.

Ick kommandierte also: »Jasmasken raus!«

Mein Befehlston fuhr den beeden Helden so in de Knochen, det se diesmal spurten. Sie fummelten ihre Jasmasken aus de Behälter und stülpten se sich über de Ohren.

Mutter atmete auf. Und die Luft wurde ooch

gleich ville besser. Dann befahl ick Marthan, Zivilklamotten runterzuholen. Für Paulchen welche mit kurze Hosen!

Vater und Paule ließ ick solange stillstehen. Wobei ick se allerdings stützen mußte.

Draußen ratterten Panzer vorbei. Und dann war's 'ne Weile ruhig mit'm Jeschützlärm.

Martha brachte die Anzüge, und ick kommandierte: »Hosen runter!«

Und wieder gehorchten meine Helden.

Dann näherte sich wieder det Jeräusch von schweren Motoren. Diesmal uff uns zu ...!

Martha linste vorsichtig aus'm Fenster und meldete atemlos: »Die Russen! Jetzt is allet aus. Jetzt kommen wir nach Sibirien!«

Ehrlich jesagt, mir jing ooch die Muffe!

Aber ick hatte eene rettende Idee. Ick rannte nach oben in mein Zimmer. Und knapp drei Minuten später erschien ick wieder unten in de Jaststube. In einem blütenweißen, frisch jebügelten Maureranzug. Sogar saubere Fußlappen und de Holzpantinen hatte ick nich verjessen. Ick sah so jeleckt aus wie eene Schaufensterpuppe in eenem Laden für Berufsbekleidung. Nur nich so jut rasiert!

Entjeistert starrte mir meine Familie entgegen. Und ick erklärte mit überlegener Miene: »In Rußland regieren nämlich die Arbeeter. So sollen se also uff'n ersten Blick sehen, det se't mit eenem Kollegen zu tun haben. Det erspart lange Erklärungen und mögliche Mißverständnisse – wir können doch keen Wort russisch!«

Schon bummerte es jegen die Türe der Jaststube, obwohl se jar nich verschlossen war. Die Russen waren es noch nich jewöhnt, mit offene Türen empfangen zu werden.

In aller Eile schmissen wir die Uniformen und

Gasmasken hinter die Theke. Als ick zur Tür wollte, stolperte ick über Vaterns olle Reklameflinte.

»Schnell ..., versteck se!« kommandierte ick.

In der Uffregung wußte Vater nich wohin mit dem jefährlichen Ding. Von Panik ergriffen, stopfte er se sich hinten in de Hosen und knöppte det Jackett drüber. Und hielt sich nu so kerzengerade, als hätte er die Flinte verschluckt!

Endlich hatten die Russen jemerkt, det die Türe offen war. Und zwei Rotarmisten stolperten in de Jaststube. Die MPis im Anschlag. Ihnen folgte een Zivilist. Det heißt, so janz zivil kam er mir ooch nich vor. Er hatte eene Lederjacke an. Und mir schwante sofort: Da is wat Politischet in dem Anzug! Der Mann war ungefähr in meinem Alter. Aber een Hüne von eenem Kerl, mit eenem Jesicht wie'n Bullenbeißer. Aber wie'n Bullenbeißer von der jemütlichen Sorte.

Schweigend sah er von eenem zum anderen. Und als sich unsere Blicke trafen, erinnerte ick mir unwillkürlich, wie ick als Kind zum ersten Mal vor eenem Weihnachtsmann stand: Der hatte mich ooch so anjekiekt, bereit, zu strafen oder zu schenken.

Det war so een Blick, bei dem einem alle großen und kleenen Sünden einfallen, janz automatisch!

Trotz meiner jemischten Jefühle raffte ick mir zu eenem Lächeln auf: »Juten Tach ..., äh ..., herzlich willkommen!«

Der Bullenbeißer antwortete nich. Vielmehr sagte er wat uff russisch zu seine beiden Kumpels, die sich daraufhin jehorsam entfernten.

Bei dem kurzen Palaver hatte ick nur ein Wort verstanden: Towarischtschi! Und ick radebrechte nu drufflos:

»Wir ooch Tawarrisch ..., du verstehen? Ick Prolet …, raboter, raboter … Wir hier alle nix Faschist … Hiietler kapuuut … Proletarier aller Länder, vereinigt euch … Ick Maurer …, raboter, raboter …, dawai …!«

Det Bullenbeißerjesicht jrinste spöttisch. Und ick vernahm: »Nu brechen Se sich man nich de Zunge ab.«

Keen Zweifel. Der Lederjacken-Weihnachtsmann war nich nur een Deutscher, det war ooch een waschechter Berliner!

Er ließ mich stehen und wandte sich an Vater Gottlieb: »Sie sind hier der Jastwirt?«

Vater hatte sich hinter seine Theke jeflüchtet. Stocksteif stand er da, mit dem verborgenen Flintenkolben in de Hosen und dem Lauf im Kreuze, und stotterte hilflos: »Jawoll …, Dolle …, Jottlieb Dolle! Sehr erfreut …, sehr anjenehm!«

Der russische Berliner streckte ihm freundlich die Hand entgegen: »Mein Name is Butt …, Hein Butt!«

Und dann erkundigte er sich teilnahmsvoll: »Haben Sie een steifet Jenick, Herr Dolle?«

»Nee …, äh …, ick …, ick hab wat im Kreuze …, äh …, ick meine …, ick hab's im Kreuze …, äh …, wollen Se vielleicht een Bier, Herr … Butt?«

Aber Hein Butt wollte keen Bier. Er wollte mehr.

»Ick brauche Ihren Saal, Herr Dolle!«

Da rappelte sich Martha uff, wie eene anjeschossene Löwin, der man ihre Jungen wegnehmen will: »Sie …, Sie wollen uns beschlagnahmen?«

Hein Butt ließ sich nicht aus der Ruhe bringen: »Das hängt ganz von Ihnen ab. Wenn Sie uns helfen wollen, um so besser.«

Und dann erklärte er uns, wozu er unseren Saal haben wollte: Mit den Gulaschkanonen der sowjetischen Freunde sollte er bei uns eine Art Volksküche

che einrichten. Im Auftrag einer antifaschistischen Initiativgruppe ...!

So eener war det also, der Jenosse Butt.

Und der Krieg war noch nich mal zu Ende.

Nie werde ick die Jesichter von Martha, Vater und Paulchen verjessen, als se det Wort »Julaschkanonen« hörten.

Jahrelang hatten se treu und brav jeglaubt, wat det Propajandaministerium ihnen in de Ohren posaunt hatte. Bei jeder »Sondermeldung« hatte ihnen det Herz höher jeschlagen.

Aber die Sondermeldung, die se nun, janz ohne Brimborium, aus dem Mund des Jenossen Butt vernahmen, die klang ihnen in de Ohren wie Traummusik!

Warmes Essen für de Bevölkerung? Wo jeder vernünftige Mensch sich an seine fünf Sinne abzählen konnte, det die Russen selber nich jenug zu knabbern hatten?

An diesem denkwürdigen Tag war meine Martha hundertfünfzigprozentig für de Roten! Aber ooch Vater und Paulchen.

Viele waren damals bejeistert. Als dann aber der Julaschkanonendonner im Laufe der Normalisierung abklang, verjaßen die Menschen die »Erste Hilfe«. Verjessen is nu mal menschlich, genau wie det Irren. Na ja.

Martha war, wie jesagt, Feuer und ooch Flamme für Butts Wünsche: »Selbstverständlich kriegen Se unsern Saal, Herr Butt ...«

Da hatte se nu jedacht, mit ihre Jastwirtschaft wär's aus. Und nun gab's Bohnensuppe aus Julaschkanonen. Julasch konnte ja keener verlangen!

Und Martha ließ sich nur zu jerne mit Vater und Paulchen zur Herrichtung des Saales abkommendieren. Besonders Vater war det sehr recht.

Ick blieb mit dem Jenossen allein zurück.

Der kiekte mir nu wieder so mit eenem jewissen Spott an und umkreiste mir schweigend, ohne mich aus den Oogen zu lassen.

Mir wurde det langsam unheimlich. Wat sollte det?

Schließlich erkundigte ick mir brummend: »Noch nie 'n Maurer jesehen?«

Butt verzog wieder seine Bullenbeißermiene zu eenem freundlichen Grinsen: »Doch, doch ..., ick bin selber vom Bau. Gelernter Zimmermann!«

Hocherfreut wollte ick ihm die Hand schütteln: »Ooch Bauarbeeter? Wie det Leben so spielt ... Tach, Kollege!«

Aber Butt ignorierte meine ausjestreckte Hand.

»Ich frage mich, ob Sie echt sind? Ob Ihre Maurerkluft nicht vielleicht nur ein blütenweißer Schafpelz ist?«

Ick beteuerte: »Det ..., det is keene Tarnung ... Det is meine zweite Haut! Ick war immer Maurer ... Ick bin nie wat anderes jewesen.«

»Nicht Soldat?«

»Na ja – aber ..., äh ..., ick bin immerhin desertiert.«

»Fünf Minuten vor zwölf!«

»Ja ..., aber ... vorher ließ sich det eben schlecht einrichten!«

»Ick bin fünf *Jahre* vor zwölf desertiert!«

»Na, schön ..., ick erkenne det ja an, Herr Butt ..., aber ... warum sollen die Letzten nich mit die Ersten sein? Ick meine ... beim Aufbauen? Sie ahnen ja gar nich, wie mir det in de Finger juckt ... nach Kelle, Kalk und Steene ...!«

Nie werde ick dieset denkwürdige Jespräch verjessen!

Ick hatte mir von meiner Maurerkluft als Alibi

leider zuville versprochen. Det mußte ja ins Ooge jehn …

Nu mußte ick eben unter Beweis stellen, det unter meiner blütenweißen Weste och een echtes Maurerherze schlug.

Ick mußte Butt beweisen, det ick war, wat ick schien.

Butt kiekte mir nu wieder an, und ick kam mir vor wie beim Röntgen. Dann aber lächelte er plötzlich: »Also gut, Herr Dolle, wollen wir's mal miteinander versuchen, Kumpel!«

Und dieset »Kumpel« klingt mir noch heute liebreich in de Ohren. Impulsiv drückte ick Butts beide Hände: »Ick gratuliere Ihnen, Herr Jenosse …, an mir werden Se noch Ihre helle Freude haben!«

An dieset Versprechen habe ick mich immer wieder erinnert. Und oft auch erinnern müssen … Manchmal sojar mit Jewalt!

2.

Dolles »Schützenhaus« kam wieder in Jang. Det Dünnbier begann wieder zu strömen. Vater stand wie eh und je hinter seine Theke. Nur die olle Flinte hing nich mehr als Wahrzeichen über seinem Kopp.

Die Familie hatte ooch bald eenen Spitznamen für Hein Butt: Vitamin B …

Butt sorgte dafür, det Vater seine Lizenz behielt. Und mir verschaffte er Arbeit bei eenem Abriß-Unternehmen. So war wenigstens *eine* Schwerarbeiter-Lebensmittelkarte in der Familie. Dabei ackerten Martha und Vater ooch nich schlecht in ihrer Kneipe. Aber sie galten nur als »Normalverbraucher«. Für Paulchen hatte Butt ooch jesorgt: er beschaffte ihm eene Lehrstelle bei eenem Elektriker!

Unser Vitamin-Butt war inzwischen beim Bezirksamt tätig, wo er die Ernährung orjanisierte. Een jefährlicher Posten! Uff seinem Schreibtisch stand der damals sehr jebräuchliche Spruch: »Unmögliches wird sofort erledigt. Wunder dauern etwas länger!« Einjerahmt und unter Glas.

Butt hielt sich an seinen Spruch. Sogar mit einigem Erfolg. Meine Martha rannte ihm fast täglich die Bude ein. Motto: Buttje, Buttje, Timpe Te ..., Buttje, Buttje, an der Spree!

Bis ihm eines Tages der Kragen platzte. Er versuchte Martha klarzumachen, det Vitamin »B« uff de Dauer sehr unbekömmlich is. Nich nur vom medizinischen Standpunkt aus. Es käme mehr auf eine innere Beziehung an, uff eene innere Beziehung des einzelnen zum Janzen ...!

Aber wer sah damals schon wat Janzes? Wo allet kaputt war. Na ja, Martha jehörte jedenfalls zu den Wundern, die etwas länger dauern! Sie spielte sich als jekränkte Leberwurscht uff und ließ Butt in Ruhe.

Aber ooch ick war bald bei Butt unten durch!

Ick sollte nämlich Vertrauensmann für die Einwohnerversammlung werden. Aber ick erinnerte mir an Luftschutzwarte und Blockwarte und sah die Sache nur von dieser Warte. Und ließ Butt warten.

Täglich sah ick janze Trupps von frühere Blockwarte und sonstigen kleenen Nazis, die enttrümmern mußten. Und keene Schwerarbeiterkarte kriegten. Unter ihnen war ooch Egon Krauthaar, der bei uns in »Järtnerslust« 'n Luftschutzwart jemacht hatte. Von Beruf war er Klavierstimmer. Oft jenug hatte Krauthaar in Vaterns Tanzsaal det Piano jestimmt. Und in höhere Kreise die Flügel.

Zum Beispiel beim Kreisleiter Goldhahn. So hieß der wirklich. Der hatte es mit de Kultur und seine Finger irgendwie bei der UFA drinne und verschaffte unserm Krauthaar eene UK-Stellung bei de Filmkomparserie. Denn Krauthaar hatte schon damals eene Glatze, an der keen Regisseur vorbei konnte! Aus Dankbarkeit für den Druckposten trat Krauthaar denn in die NSDAP. Da war er in wat jetreten ...!

Na ja, so jeht's einem, wenn er »Beziehungen« ausnützt. Eines Tages wird man da immer zur Kasse jebeten. Und so dußlig wie Krauthaar wollte ick nich ooch sein. Nee, nee – bloß sich raushalten aus allet, wat nach 'ner Partei und Polletik roch! Det hatte ick mir jeschworen. Und Krauthaars Glatze funkelte mir als warnendes Beispiel immer vor Augen!

Butt nahm det mächtig krumm, det ick als Mann seines Vertrauens nich Vertrauensmann werden wollte. Er erinnerte mich an det Versprechen, det ick ihm in historischer Minute jejeben hatte, von wegen, det er an mir noch seine Freude haben sollte ...

So kämpften denn nu zwee Seelen, krach, in meiner Brust: Mein privater Schwur und mein historisches Versprechen.

Und schließlich brummte ick: »Also jut, wenn ick Ihnen damit eenen persönlichen Jefallen tue!«

Da wurde der Jenosse Butt noch fuchtiger: Ick würde *mir* damit eenen Jefallen tun, mir und meiner Familie und den Einwohnern und überhaupt der *janzen* Jesellschaft!

Und er zitierte aus'm Hut seinen Lenin, über een »Wundermittel« betreffs der Heranziehung der Werktätigen zur täglichen Arbeit an der Verwaltung des Staates ...

Und damit ließ er mir denn erst mal im eigenen Saft schmoren, unser Heil-Butt.

Ick schmorte fast een Jahr, bis ick einigermaßen gar und gesellschaftlich jenießbar jeworden war. Det zeigte sich an dem Tag mit dem Blindjänger.

Wir enttrümmerten jrade eenen Keller, als een Kollege mit seiner Spitzhacke uff eene Rolle Dachpappe stieß, die sich uff sechs Rollen vermehrte. Und die Kollegen rechneten sofort aus: »Det macht pro Neese zwei Rollen!«

Wer konnte damals keene Dachpappe jebrauchen? Nich nur die Karnickel in ihren Kisten, ooch die Menschen. Bei uns zu Hause war, beispielsweise, der einzige Platz, wo et *nich* durchregnete, die Badewanne!

Als wir noch so beim Aufteilen waren, kam unsere Trümmerbahn anjezuckelt. Immer zwee Loren voller Klamotten und eene Lore voller Jören, alle im Vorschulalter.

Die Frauen kutschierten ihre Kleenen so den janzen Tag hin und her, weil se nich wußten, wohin damit. Und det jing schon seit Monaten so.

Da gab's zwar in der Nähe een paar olle Baracken-Reste, wo teilweise ein Sprengkommando der Volkspolizei drinne hauste. Eene von diese Baracken hatten sich die Frauen als Städtischen Kinderjarten ausjeguckt. Es fehlte nur an Dachpappe, denn det Barackendach hatte mehr Löcher wie'n Schweizer Käse. Und deshalb sollten die Frauen ooch lieber nischt von unserem jefundenen Schatz erfahren. Meinten die Kollegen!

Ick aber machte een nachdenkliches Jesicht.

»He – Dolle? Is wat?«

»Ick überlege jrade, wie ick mein Dach zur Not so flicken könnte, det et nur noch in de Badewanne regnet!«

»Wat meinste denn damit?«

»Det für die Kinder die Dachpappe wichtiger wäre!«

Da hatte ick in een Wespennest jestochen.

»Komm uns nich so, du! Für'n Städtischen Kinderjarten sind wir nich zuständig! Wenn die keen Material haben, sollen se sich's doch von de Russen besorgen! Nee, det is unsere Dachpappe und det bleibt unsere, verstehste?!«

Ick nahm in aller Ruhe meine Spitzhacke wieder uff und sagte: »Na jut – reden wir nich mehr drüber!«

Und die Kollegen machten sich wieder an die Arbeit, beflügelt von den Jedanken, wat se nu allet mit die Dachpappe anfangen wollten.

Nach 'ner Weile zog ick meine Taschenuhr, hielt se ans Ohr, hörte se ticken ... und versteckte sie unbemerkt unter een paar Steinbrocken neben dem Dachpappenversteck. Dann pickte ick weiter uff die Trümmer ein, hielt plötzlich inne, holte tief Luft und brüllte los: »Blindjänger!«

Die Kollegen kamen vorsichtig näher und hörten, det da wat tickte. Und ick half nach: »Vielleicht habe ick direkt uff'n Zünder jekloppt?«

Da stürzten die Männer davon, Hals über Kopp ... zur Polizeibaracke!

Ick holte gemütlich meine Uhr wieder hervor, steckte se ein und wartete uff de Pollezei!

Und die Woche drauf konnten unsere Trümmerfrauen ihre Jören in eenem wasserdichten Kinderjarten unterbringen, denn sechs Rollen Dachpappe sind keen Pappenstiel!

Bis 1948 verging die Zeit ohne besondere Vorkommnisse.

Jedenfalls bei Dolles!

Dann aber kam der Reformationstag der Währungen, und det hatte nu jewisse Auswirkungen.

Minna Ziegenhals, seit Jahren im »Schützenhaus« det Mädchen für alles, forderte uff eenmal doppelten Lohn mit der Drohung, sonst für Westjeld schrubben zu jehen!

Man kann uff Minna Ziegenhals sagen, wat man will, ob se een Weibsteufel war oder ob se keener war – een *Putzteufel* war se uff jeden Fall. In dieser Hinsicht war se sojar eene Perle. Sie bekam also ihre Jehaltserhöhung.

Nur im Sprechen war se immer een bißken langsam. Deshalb hatte unser Paulchen sie ooch »Tante Nöle« jetauft. Damals war se eene jar nich so üble Enddreißigerin, aber immer jeladen wie een Zitterrochen. Deshalb traute sich wohl ooch keen Mann in ihre intimere Nähe. Sie war also ledig.

Ihre janze Liebe galt ihrer verwaisten Nichte Elfriede, genannt Elfi. Die war nich nur hübsch, sondern ooch hübsch dämlich. Sie wollte nämlich bei'n Film, zu de Amis, nach Hollywood. So 'ne Art tolle Wut.

Die Ursache von diese Krankheit lag wahrscheinlich in Elfis momentaner beruflicher Tätigkeit. Sie war Platzanweiserin in eener Flohkiste uff'm Prenzlauer Berg. In dieser Jegend wohnte se ooch mit ihrer Tante. Später zogen se denn beide raus zu uns ins »Schützenhaus«. Aber ick will ja nich schon wieder vorgreifen ...

Die Währungsreform hatte ooch bei Vater Jottlieb gewisse Folgen, speziell für seinen schwunghaften Schwarzhandel mit zerquetschte Bleikugeln!

Die steckten nämlich noch immer im Sand unter den verwitterten Pappkameraden, wie een Schatz, der nie alle wird!

Stundenlang konnte Vater uff seinen verwilderten Schießständen rumkrauchen, mit'm Küchensieb ... Wie een richtiger Goldjräber!

Weichet Blei jegen harte Währung! Det war nu Vaterns neue Devise. Und er verstärkte die Sicherheitsmaßnahmen uff seinem Jelände. Er bastelte Stolperdrähte und Selbstschüsse und grub Fallgruben und stellte ooch überall entsprechende Warnschilder uff, die jeden potentiellen Buntmetalldieb erst richtig neujierig machten.

Nach der Währungsreform schlief Vater jede Nacht draußen bei seine Bodenschätze. In einer Art Unterstand. Da hatte er es janz jemütlich, mit 'ner Pferdedecke uff 'ner Pritsche und 'ne Zeltplane jegen den Regen und sojar mit'm Spirituskocher. Na ja, uff seinem eigenen Grund und Boden konnte Vater ja treiben, wat er wollte, det Wacheschieben war nich verboten. Aber Wacheschieben mit seiner ollen Flinte, die ihm anjeblich 1945 abhanden jekommen war – det war lebensjefährlich. Weniger für die Diebe als für Vatern selber. Waffenbesitz war noch immer höchst strafbar.

Gottseidank hatte Vater bis zum Jahresende keene Jelegenheit, mit seine Flinte verräterisch rumzuballern. Det passierte ihm erst in der Silvesternacht 1948/49.

Bis dahin passierten aber een paar andere Knallschoten in unserer Familie.

Zwischen der hollywütigen Elfi und meinem Sohn bahnte sich nämlich wat an. Dreimal dürfen Se raten ...!

Paule war janz nach mir jeraten, mit de Neese und so. Wenn ick ihn vor mir hatte, dachte ick immer, ick kiek in' Spiegel und seh mir als Jugendobjekt.

Paule hatte es mit dem Sport, genauer gesagt, mit dem Radsport. Wie Elfi von Hollywood, so träumte er von de Friedensfahrt und von nischt anderet. Oben schnarchte er und unten zappelte er mit die Rennfahrerbeene, wie'n Hund, der von

Karnickels träumt. Aber so sehr er ooch zappelte, nie jing sein Traum in Erfüllung. Im Training war er immer een As. Aber wenn es dann endlich mal an eenen Start jehen sollte, hatte er wat an seine Sitzknochen. Pickel!

Na ja, in dem Alter hat man eben sowat. Im Klub nannte man ihn nur noch Pickel-Paule.

Jede Woche erschien Paule bei Elfi im Kino, weil er dort gratis sein Rad unterstellen konnte. Er interessierte sich aber nur für den »Augenzeugen«, und det ooch nur, wenn der wat vom Radsport zeigte. Sonst schob er wieder ab, mein Paule.

Eines Tages sagte Elfi zu ihm: »Manchmal denke ick, Sie kommen nur meinetwegen, Paule?«

»Det Ihnen det Denken nich weh tut?«

»Also wirklich bloß immer wegen die Wochenschau?«

»Na klar!«

»Bloß wegen dem Augenzeugen kommt sonst keener ins Kino!«

»Die Kunst intressiert mir eben nich!«

»Und mich nich der Sport!«

»Denn sind wir uns ja einig!«

Aber Elfi behielt det letzte Wort: »Pickel-Paule!«

So fing det damals mit Paul und Elfi an. Sie wollte nischt von ihm, er wollte nischt von ihr, wie et sich für so'ne Kindsköppe jehört. Aber wie heißt et doch so schön? Jegensätze ziehen sich erst an und denn aus. Doch davon erfuhr die Familie erst in der bewußten Silvesternacht!

In Dolles »Schützenhaus« war Hochbetrieb. Det immer noch dünne Bier floß in dicken Strömen, und Martha und Tante Nöle hatten alle Hände voll zu tun. Im Saal war Ringelpietz mit Anfassen, von hinten anschleichen verboten!

Alles war in bester Stimmung, bis Freund Butt auftauchte. Da war's mit der Stimmung vorbei, jedenfalls bei Vatern. Denn Butt trug die Uniform eines VP-Hauptmanns!

Fast drei Jahre hatten wir von ihm nischt mehr jehört. Jetzt hatten se ihn als Revierleiter zu uns in die Jartenstadt versetzt. Er wollte nich lange bleiben, er war im Dienst.

Aber wir hatten ja 'ne Menge Neuigkeiten nachzuholen, und so quatschten wir uns fest, Butt und icke.

Und Vater schwitzte hinter seine Theke Blut und Wasser.

Sein Unter-der-Hand-Handel mit Ami-Zigaretten war ja nu ins Stocken jeraten, det Kamel zu elf Mark!

Wütend schielte er immer wieder zu Butt und mir rüber und knurrte die jeschäftige Martha an: »Eene Dienstauffassung hat der Herr Polizeihauptmann, die jab's bei de Preußischen Jardeschützen nich! Da hieß es: Dienst is Dienst, und Schnaps is Schnaps. Und nich beedet zusammen, wie bei de Volkspolizei!«

»Ick kann ihm schließlich nich rausschmeißen, Vater!«

Wenn Vatern jehört hätte, worüber Butt und ick uns unterhielten, hätte er zusätzlich ooch noch Jalle jeschwitzt. Es jing nämlich um Paules Zukunft!

Butt hatte mir jeschickt eenen Floh ins Ohr praktiziert, und der hieß ABF, beziehungsweise Arbeiter-und-Bauern-Fakultät, eene Universität speziell für Arbeiterkinder. Und Arbeiterkind war Paule ja! Aber er hatte nich det richtige Klassenbewußtsein, ihn bejeisterte eben nur der Radsport. Erst in eener Friedensfahrt siegen und sich dann als Profi profilieren und davon profitieren! Det war Paules Perspektive und nich 'n Doktor machen oder 'n Diplomingenieur. Na ja, so is det Leben!

Hätte Martha den Jungen nich damals zu de Pimpfe jelassen, wäre er jetzt nich so'ne politische Mimose!

Von eenem jebrannten Kind kann man nu mal keenen Feuereifer für neue Ideale erwarten, nich mal 'n Strohfeuereifer.

Feuereifer breitete sich damals überhaupt schwer aus bei de Leute, trotz Hennecke und diese freien Läden, wo man det Pfund Butter schon für 65 Mark kriegen konnte.

Natürlich nahm Butt seinen Hennecke in Schutz: »Sie werden es erleben, Herr Dolle: Im neuen Jahr geht's mit unserer Wirtschaft aufwärts und mit den Preisen abwärts, dank unserer Aktivistenbewegung!«

Ick war da doch pessimistischer: »Eure Arbeiter-und-Bauern-Fakultäten, bitte ..., nischt dagegen zu sagen, die sind eene *echte* Errungenschaft! Aber eure Aktivistenbewegung, det is keene. Det is Kiki! Kommen Se mal zu mir uff de Baustelle, sprechen Se mal mit meine Brijade, wir halten alle nischt von *Rekord*arbeet, wir bleiben lieber beim *Akkord*!«

Butt winkte ab: »Ausjelatschte Schuhe drücken eben nich!«

»Fangen Se bloß nich ooch noch mit *Schuhe* an, Jenosse! Ick habe mir neulich welche jekooft. Müssen Exportstiebel jewesen sein ..., für *Spanien*! Die reinsten Folterwerkzeuge!«

Butt aber blieb Optimiste uff Deibel komm raus: »Es kommt auf die Relation an: Die Arbeiter-und-Bauern-Fakultäten sind gut, die Aktivistenbewegung is jut, und daß die HO die Schwarzmarktpreise drückt, ist auch nicht schlecht. Bleiben Ihre spanischen Stiefel. Drei Pluspunkte, ein Minuspunkt! Nicht schlecht für einen schweren Anfang!«

Langsam mußte Butt nu wieder uffs Revier, denn in eener Silvesternacht jibt's immer 'ne Menge Ärger für de Polizei. Und ick versprach ihm, det ick mir Paule vorknöppen würde, so von Arbeetervater zu Arbeeterkind. Und zwar noch dieset Jahr! Und ick hielt ooch gleich Ausschau nach Paule. Aber der war nirgends zu sehen. Ooch Martha zuckte nur die Achseln: »Wahrscheinlich sitzt er wieder im Keller bei seinem Rennrad!«

Ick jing also in' Keller, wo Paule seine Freizeit zu verplempern pflegte, indem er seine jeliebte Mühle auseinanderbaute, jedes Teil ölte und wienerte, allet wieder zusammensetzte und wieder ölte und wienerte und wieder auseinanderbaute ..., usw..., usw.! Selbst an die höchsten Feiertage, sojar an seine Jeburtstage, war Paule jarantiert in seinem Keller zu finden. Heute aber war's im Keller duster. Keen Paule!

Oben kriegte mir dann Minna beim Wickel. Sie war janz aufgelöst, nich nur wegen dem Silvesterbetrieb, und nölte mir wehklagend de Ohren voll: »Ihr Paule is im Saal ... mit Elfi!«

»Mit Ihrer Nichte?« staunte ick ungläubig.

»Tanzen tut er mit ihr!«

»Paule tanzt mit'm Mädchen?«

»Ick dachte ja ooch erst, mir laust 'n Affe, Herr Dolle! Aber er schwingt det Tanzbein, und Elfi sieht nich so aus, als wenn er ihr dauernd uff de Füße latscht!«

Da mischte sich Martha ein und meinte mütterlich: »Mein Jott, Paule is neunzehn!«

Bei den männlichen Dolles is aber det det jefährliche Alter. Mit 20 Vater werden is denen noch nie schwerjefallen. Mir ja ooch nich! Und ick begriff, det ick Paule vom Studium der Mädchen abbringen und ihm det Studium der Wissenschaften abringen mußte.

Ooch Tante Nöle hatte wat jegen eene ernste Verknüpfung der jungen Herzen, Elfi jehörte zum Film! Und Minna nölte grimmig: »Wenn Paule wirklich mit meine Elfi ...? Den beiß ick in'n Hintern!«

Im Tanzsaal aber war von Paule und Elfi nischt mehr zu sehen. Paule hatte Elfi mit uff seine Bude jenommen, um se so liebevoll zu behandeln wie sonst sein Fahrrad. Hier gloobte sich det junge Glück vor der voll ausjelasteten Familie sicher. Sie konnten ja noch nischt von Butts ABF-Floh wissen ... Und eene Pulle Sekt hatte der unerfahrene Radfahrer schön warm jestellt. Da knallte denn ooch der Korken fast von alleene los, und der Sekt ergoß sich über Elfriede, det se aussah wie die schaumjeborene Affrodite! Und zu allem Pech war det ooch noch roter Sekt!

Da war nich nur det schöne Seidenkleidchen hin, sondern ooch die Stimmung!

»Det kriegen wir schon wieder trocken, Elfi! Zieh dir aus und leg dir ins Bette, damit du dir nicht erkältest obendrein!«

»Ins Bette? Mit dir als Wärmpulle, wat?«

»Det war doch so ausjemacht, oder ...?«

Na ja, Paule verstand eben nischt von eene weibliche Seele, der jrade det einzigste Sonntagskleid versaut worden war.

»Dreh dir jefälligst um!« schäumte Elfi nu ooch noch vor Wut und zerrte sich det nasse Kleid übern Kopp.

In diesem Moment erstürmten Minna, Martha und ick die Lotterbude unseres mißratenen Sohnes. Endlich hatten wir Paule jefunden.

Elfi schrie auf und blieb mit ihrem Kopp im Kleid stecken.

Minna nölte entsetzt: »Sodom und Gomorrha!«

Paule versuchte, Elfi völlig auszuziehen, und stotterte dazu: »Vater ..., Mutter ..., äh ..., ick kann euch det erklären ..., det is janz harmlos!«

»Schamlos, meinste wohl!« polterte ick.

Paule hatte nu seiner Freundin det Kleid endlich ausjezogen und beteuerte keuchend: »Sie wollte sich doch jrade anziehen ...!«

»Sie verlassen sofort mein Haus, Sie ..., Sie *Elfe*, Sie!« donnerte Mutter Martha anklagend. Da nahm Minna ihre Nichte in Schutz: »Schmeißen Se doch lieber Ihren Sohn raus, diesen hinterhältigen Jiftzahn, diesen *Verführer*!«

»Wir wollen heiraten!« erklärte der Verführer tapfer.

»Det möchteste wohl, du abjeknapperter Einfaltspinsel!« höhnte Minna.

Und ick kommandierte: »Noch biste nich mündig! Noch bestimme *ick*!«

Da zerrte sich Elfi aufheulend det nasse Kleid wieder übern Kopp und jaulte: »Wir lieben uns!«

Nu verlor Minna die Beherrschung.

»Die Liebe werd ick dir schon aus'm Kopp schlagen! Denk an Hollywood!« Und – peng – knallte Minna ihrer Elfi eins hinter de Ohren!

Da stürzte Elfi zur Tür: »Ick jeh ins Wasser!« So richtig wie im Kintopp!

»Biste verrückt?! Mit die nassen Sachen?« rief Minna. »Hierjeblieben!«

Und wir brüllten um die Wette, Paule, Martha, Minna und ick: »Komm sofort zurück!«

Aber Elfi dachte nich daran.

Und det allet, wo det neue Jahr vor de Türe stand, die Klinke schon in der Hand.

Martha besann sich ooch prompt uff unsere Pflichten unten bei die Gäste: »Is doch gleich zwölfe. Wir können doch den Laden nicht alleene lassen!«

Minna wollte aber hinter ihrer Elfi her. Und Paule ooch. Die beeden waren nicht zu halten.

»Komm, Willi, du mußt hinter de Theke, Vatern vertreten!« kommandierte meine Martha.

Ja – Vater war wieder uff Wache jezogen, in seinen Unterstand! Da lauerte er nun uff die Buntmetalldiebe, fest in eenen ollen Schafpelz jehüllt, mit 'ner Pulle Korn unterm Herzen und seine Flinte uff de Knie. Denn Vatern war überzeugt, det jrade eene Silvesternacht die Kriminalität begünstigt!

Uff unserem Regulator war es schon seit 'ner Viertelstunde 1949. Es wurde also langsam Zeit, die Sektproppen zu lockern und die Gläser bereitzuhalten. Und ick drehte unser Radio uff volle Pulle, um die jenaue Zeit mitzukriegen …

Noch drei Minuten bis zwölfe!

Und draußen irrten Minna und Paule jetrennt durch die dustere Botanik, uff der Suche nach der wassersüchtigen Elfi.

Dabei geriet Minna in Vaterns »Sperrzone« und hörte plötzlich een merkwürdiges Jeräusch janz in ihrer Nähe. Det Jeräusch kam von Vatern, der seine Flasche entkorkt hatte und den Korken jewohnheitsjemäß am Flaschenhals rieb, det et quietschte, bevor er glucksend eenen Schluck riskierte.

Tante Nöle spitzte die Ohren und hielt de Luft an: »Aha, da seufzt wat … Elfi!«

Und prompt jeriet sie in eenen von Vaterns Stolperdrähten, det die leeren Konservendosen Alarm schepperten! »Aua!«

»Halt! Wer da?« schrie es aus dem Dunkel. Und dann knallte ein Schuß, und Minna schrie auf …

Während nu Vater fassungslos uff seinen qualmenden Flintenlauf stierte, denn er konnte sich nich erinnern, sie abjefeuert zu haben, wurden nu überall noch mehr Knallereien laut. Und aus nahe und ferne Kehlen schrie es: »Prosit Neujahr!«

Und die Berliner ließen nu von unten een Feuerwerk los, als hätten se nie welchet von oben bekommen.

Paule hatte Minnas Schrei ooch jehört und war als erster am Unfallort: »Tante Nöle?!«

Aber Minna rührte sich nich mehr.

Da tauchte ooch Vater Gottlieb auf, die Flinte in der Hand, und starrte auf sein Opfer: »Frau Ziegenhals?«

»Du hast se umjebracht!« klagte ihn Paule an.

Plötzlich tauchte ooch die nasse Elfi aus dem Dunkel auf: »Tante ...?!«

Gottlieb zitterte: »Die Flinte is von janz von alleene losjejangen. Ick schwör's.«

Paul untersuchte das Opfer und konstatierte: »Ick kann keen Blut sehen!«

»Ick ooch nich«, jammerte Elfi und kniff de Oogen zu.

Paul beendete seine Untersuchung: »Nirgends 'ne Wunde!«

»Vielleicht hat se bloß der Schlag jetroffen?« hoffte mein Vater.

Tatsächlich hatte sich Minna nich mal den Fuß verknackst.

Wir brachten se ruff in unser Ehebette. Und da blieb se denn ooch. Für die nächsten sechs Wochen.

Det wurden die schwärzesten Wochen meines Lebens. Ooch für Martha! Denn wir durften Minna unmöglich frei rumloofen lassen, wo die doch keen Jeheimnis länger als fünf Minuten für sich behalten konnte. Und Vaterns Meisterschuß war een Jeheimnis erster Jüte! Wenn det unserm Revierleiter

Butt zu Ohren jekommen wäre, hätten se uff jeden Fall Vatern abjeholt, wenn nich die janze Familie als Mitwisser!

Minnas nölende Schandschnauze mußte also unter Verschluß jehalten werden. Und sie nutzte unsere Angst schamlos aus, unser »Mädchen für allet«! Für de Leute war Minna »verreist«. Und für uns machte se uff Dauer-Nervenschock!

Jede Nacht mußten Martha und ick unten in der Gaststube kampieren, weil Minna oben unser schönes Schlafzimmer blockierte. Aber det Schlimmste war, det wir alle nach Minnas Pfeife tanzen mußten, von morgens bis abends und von abends bis morgens! Wir hatten der Patientin nämlich eene Trillerpfeife jejeben, damit se Alarm jeben konnte, wenn se irgendeen Bedürfnis hatte. Und det hatte se alle Neese lang! Meistens trillerte se uns nachts aus'm Schlaf.

Den Notdienst versahen wir abwechselnd. Martha, Vater und icke. Am liebsten trillerte Minna, wenn Vatern dranne war. Der wickelte sich dann in seinen Schlafrock und taumelte zu Minna ins Zimmer. Meistens mußte er noch mal umkehren, weil er seine Zähne verjessen hatte.

Keen Wunder, det Vater jedesmal schlechtere Laune mitbrachte. »Wat steht denn nu schon wieder zu Diensten?«

Die Patientin saß hübsch säuberlich in unserem Bette: »Mir knurrt der Magen, Chef!«

»Mitten in de Nacht?«

»Ick bin sojar davon uffjewacht. Ihr laßt mir ja hier verhungern!«

»Hören Se mal, Minna ...«

»Für Sie immer noch Frau Ziegenhals, Sie Mordbube!«

»Schon jut, schon jut, jnädige Frau! Ick lausche Ihren Befehlen!«

Und Minna befahl: »Kognakbohnen!«

Vater stocherte sich mit eenem Finger ungläubig im Ohr: »Hörte ick richtig? Kognakbohnen?«

»Nachts muckert mir immer mein leckerer Zahn!«

»Den sollten Se sich endlich mal ziehen lassen!«

Da machte Minna plötzlich wieder uff todkrank und nölte jammernd: »Ihretwegen sitz ick hier noch immer dem Dod uff de Schippe, da brauch ick mir von Ihnen nich ooch noch uff de Schippe nehmen lassen! Oh, mein armer Kopp, oh, vielleicht is det mein letzter Wunsch.«

»Schön wärt ja!«

Da schimpfte die Patientin wieder los: »Wenn ick erst 'n Jespenst jeworden bin, sollen Se keene ruhige Minute mehr haben!«

»Schlimmer wie jetzt kann det ooch nich werden. Uff jeden Fall frißt een Jespenst keene Kognakbohnen.«

»Nu reden Se nich lange, holen Se endlich welche!«

»Woher denn? Soll ick se mir vielleicht aus de Rippen säbeln?«

»Denn machen Se eben welche, Chef!«

»Ick soll ... Kognakbohnen machen??«

»Jehen Se in de Küche und nehmen Se erst mal Kakao.«

»Kakao ...?«

»Zucker, Sahne ...!«

Vatern lief dabei selber det Wasser im Munde zusammen, aber ooch die Jalle ins Blut: »Ick hol 'ne Zuckerzange zum Zähneziehen, Sie Unjeheuer!«

Aber Minna ließ sich nich aus der Ruhe bringen: »Sahne und jute Butter ...!«

»Butter ooch??«

»Und det Janze rühren Se zusammen ... und denn dadruff eenen Düjardäng!«

Vater versuchte nu eenen Handel: »Würde Ihnen nich een Dujardin jenügen?«

»Nee – allet zusammen ... Oder ick schrei aus'm Fenster, det Sie uff Leute schießen!«

Da mußte Vater notjedrungen in de Küche und sich an seine kostbaren Westvorräte verjreifen, um Minnas leckrigen Zahn zu besänftigen.

Kaum war er aus'm Zimmer, trillerte Minna ihn zurück: »Ach, Chef – sagen Se doch Ihrer Frau Schwiegertochter, det hier een Spinneweben von der Decke baumelt. Und der Fußboden müßte ooch mal wieder jewienert werden. Schließlich ist det hier een Krankenzimmer und keen Schweinestall!«

»Zu Befehl!« knirschte der Chef. Und im Abgehen murmelte er vernehmlich: »Die möchte ick noch mal vor der Flinte haben!«

Und da ja een Plattfuß selten alleene kommt, hatten wir nich nur Minna Ziegenhals, sondern ooch die flotte Elfi uff'm Hals.

Während sich Minna immer mehr wie in eenem Schlaraffenland fühlte, schwebte Elfi wie im siebenten Himmel durch die Gegend, Händchen in Händchen mit Paule!

Mein Paul, den ick immer für'n Stockfisch jehalten hatte, glotzte wie een Joldfisch, der vor lauter Liebe nur noch nach Luft schnappen kann, so hatte ihn Elfi an der Angel. Immer öfters stand ick bei Martha an der Theke, denn so'n junget Glück is nur im Suff zu ertragen.

»Denk an deine Jalle, Willi!« warnte Mutter Martha. Dabei schob se mir eenen Doppelten über'n Tresen und nahm natürlich ihren verliebten Herrn Sohn in Schutz: »Du könntest mir ooch mal wieder so liebevoll anglubschen, Willi!«

Aber ick war nich in Stimmung.

»Siehste denn nich, det unser Sohn am Versacken is, wie een kaputter Eimer? Sollen wir ruhig zukieken, wie er langsam, aber sicher *Vater* wird?«

»Du warst damals ooch erst zwanzig und bist ooch nich versackt!«

Ich regte mir immer mehr uff: »Damals, damals ..., Mensch! Damals waren noch andere Zeiten! Da jab's noch keene ABF! Mit Paule is ja nich mehr vernünftig zu reden, seit ihm Amor jestochen hat!«

»Kommt Zeit, kommt Rat!«

Aber solange wollte ick nich warten. Ick wollte mir Paule vorknöppen. Und zwar heute noch. Martha riet ab. Sie hatte es nämlich mit diese Tageshoroskope aus Berlin W! Und nach dem heutigen Horoskop sollten Löwen und Stiere lieber nich uffeinander losjehen.

»Du mit deinem Sternenzoo, Mensch«, erklärte ick verächtlich, schob Martha det leere Glas zurück und begab mich in die Höhle des Stieres Paule, denn als Löwe hätte er im Aujust Geburtstag haben müssen und nich im Mai!

Paule saß mit seine Elfi in der Ofenecke am Familienstammtisch und hielt sich an eenem Glas Brause und den zierlichen Fingern seiner Jeliebten fest.

Ick stöberte unjeniert det Pärchen auf: »Na ihr zwee Turteltauben? Is et jestattet?«

Paule bot mir sofort eenen Stuhl an: »Na klar, Vater – is doch hier keene Stehbierhalle!«

»Aber ooch keen Chambre séparée«, fügte ick hinzu und setzte mir bedeutungsvoll.

»Seepüree? Wat is'n det, Herr Dolle?« erkundigte sich det flotte Elfchen.

Ick lächelte herablassend beziehungsweise väterlich milde: »Siehste, Mädchen, so is det, wenn's mit der Bildung hapert! Es jibt im Leben so vieles, wat man nich weeß, wat man aber wissen sollte ... und wissen *könnte*!« Dabei schielte ick bedeutungsvoll uff Paule. »Wissen is Macht – wenn ooch keene Himmelsmacht, wie die sojenannte Liebe!«

Paule roch sofort Lunte: »Willste mir etwa wieder mit's Studieren kommen?«

Aber ick ignorierte ihn und wandte mich diplomatisch wieder an Elfi: »Was is eigentlich mit Ihre Schauspielschule, Frollein?«

»Nischt!«

Aber dieses »Nischt« klang merkwürdig unsicher, die Kleene schien irgendwie nervös zu sein. Aber ick trampelte weiter im Fettnäppchen rum: »Nischt? Bei ihrem Talent sollten Se det nich schießenlassen ... Ick finde ooch, Sie sollten nach Hollywood, det is een schönet Land ..., wo die Zitronen blühen ... und der Pfeffer wächst.«

Da trank sich Paule mit dem Rest seiner Brause Mut an und erklärte: »Vater, weder Elfi noch icke werden studieren! Wir haben Wichtigeres vor. Wir wollen *heiraten*!«

Aber diese Walze hörte ick ja nich det erste Mal von Paule. »Wollen und Können, det sind zwee verschiedene Schuhe, mein Sohn!«

»Wir *müssen* heiraten!«

Da jing ick janz stieke zu Martha an de Theke zurück und bestellte feierlich zwee Doppelte, für uns beede. Aber Martha wollte nich: »Ick will keenen, Willi!«

Da holte ick tief Luft und sagte: »Du mußt, Oma!«

Am 17. Mai 1949 war dann Hochzeit, jenau an Paules 20. Jeburtstag.

Die Hochzeit uff'n Jeburtstag zu legen war Marthas Idee jewesen, weil wir so für nur *eenen* Festbraten die Fleisch- und Fettmarken uffzusparen brauchten. Wochenlang hatte es immer Eintopp und Nudeln und Graupen jejeben und Karo-Einfach. Sojar für Minna. Det Schlaraffenleben war für sie längst vorbei. Jetzt jehörte Minna zur Familie und saß mit uns in eenem Boot, mit allen Rechten und Pflichten eener Schwiegertante! Die Sache mit Vaterns Flinte war verjessen und begraben. Und Hollywood ooch!

Vater konnte am Festessen nich teilnehmen. Er lag wieder mal mit seine Jastwirtsjastritis zu Bette. Außerdem war ihm det Wahlerjebnis vom Wochenende uff'n Magen jeschlagen, weil zwei Drittel der Wähler für die neue Ordnung in der Ostzone jestimmt hatten!

Aber ooch mir war der Appetit verjangen. Ick saß an Paules Hochzeitstafel wie am Grabe meiner Hoffnungen und Träume. Paule war nu Ehemann und werdender Vater und nich mehr werdender Studente!

Martha aber war glücklich und schwamm wie een Fettooge uff der Suppe, die Paule uns einjebrockt hatte. Als Bräutigamsmutter hatte se natürlich een neuet Kleid haben müssen, fünfeinhalb Meter reine Kunstseide, uff Bezugsschein! Und ick konnte nu bis zum nächsten Quartal uff 'ne neue Unterhose lauern …

Damals, als die Stoffe knapp waren, trug man de Röcke bis an de Knöchel. Na ja – meine Martha mit'm Mini-Rock, wie heutzutage? Da hätte ick wenigstens wat zu lachen jehabt an diesem traurigen Montag.

Aber dann erschien Jenosse Butt mit eenem Hochzeitsjeschenk, det meiner Laune wieder zu Oberwasser verhalf!

»Sie sind noch immer beim Braten? Und ick

dachte, ick komme jrade zum Kaffe zurecht«, entschuldigte sich Butt.

»War zu wenig Druck uff'm Jas, Herr Butt«, erklärte ihm Martha die Verzögerung. Und Minna setzte noch eens druff: »*Vor* die Wahlen war det mit's Jas ja besser, da haben se wohl de letzten Kohlen rinjebuttert, um de Leute bei Laune zu halten.«

Danach verschluckte sich Minna zur Strafe, weil se wieder mal 'n Hals zu voll jenommen hatte.

Ick bot unserem seltenen Jast Platz an: »Det is wirklich nett, det Sie vorbeijekommen sind, Jenosse Hauptmann, ooch als Tischjenosse sind Se uns jederzeit willkommen.«

Und Martha legte noch schnell een Jedeck auf.

Butt begrüßte det errötende Brautpaar und hievte een schweres Paket uff'n Jabentisch. Sein Hochzeitsjeschenk!

Elfi platzte fast vor Neujierde: »Wat is'n drinne, Herr Butt?«

Paule hob det Paket prüfend an: »Een ziemlicher Brocken. Bücher?«

Wieder konnte sich Minna eene anzügliche Bemerkung nich verkneifen: »Bestimmt Karl Marxens verjammelte Werke!«

»Ick muß Sie leider enttäuschen, Frau Ziegenhals«, lächelte Butt.

Ick beteiligte mir nu ooch an dem Quiz: »Karl Mays jesammelte Werke?«

Butt schüttelte den Kopf: »Nee – aber mit ›K‹ fängt's ooch an.«

Martha riet nu ihrerseits: »Knigge?«

Da hatte Elfi det Paket schon uffjeknippert und entzifferte einen der Buchrücken: »Konversationslexikon ... von A bis Z!«

Und Martha staunte: »Mein Jott, soville Bücher ..., fast 'n Zentner, wat?«

Ick konnte mir denken, wat Butt mit seinem Jeschenk bezweckte, und bemerkte tiefsinnig: »Geistige Nahrung zum Sattwerden!«

Jenau det Richtige für junge Leute. Martha roch sofort Lunte: »Damit kann man aber keene *Familie* ernähren, höchstens Kreuzworträtsel rauskriegen!«

»Du denkst eben nie weiter, wie een Pferdeappel fällt, Martha!«

»Willi, wir sind bei Tisch!«

Aber ick blieb beim Thema: »Een studierter Doktor kann sehr wohl eene Familie ernähren!«

Det rief prompt meinen Paule uff'n Plan: »Zum letzten Mal, Vater – ick setz mir nich noch mal uff 'ne Schulbank! Ick will endlich mein eigenes Leben führen, nich mehr von euch abhängig sein, verstehste? Ick bin alt jenug, ick kenne meine Verantwortung janz genau, jawoll! Ick bin Elfis wegen vom Rennsattel jestiegen, ick habe uff die *Friedensfahrt* verzichtet ..., obwohl ick diesmal hätte fahren können, ohne Handikap am Hintern! Aber ... man kann eben nur eins von beiden betreiben: Leistungssport ... oder 'ne Ehe! Und ob ick nu Leistungssport mit de Beene treibe oder mit'm Kopp, det kommt uffs selbe raus, Vater! Ick habe eenen juten Beruf. Ick verdiene jenug!«

»Jawoll ..., natürlich ..., und als Elektriker weeßte besonders jut, wat 'ne lange Leitung is, Mensch«, höhnte ick. Dann aber nahm ick mir zusammen und machte eenen letzten Versuch. Ick packte Paule bei de Schultern und schüttelte ihn wie eenen verklemmten Joldesel: »Paule ..., Junge ... Laß den Jroschen endlich rutschen! Laß mir hören, wie't bei dir klingelt! Als ick mit deine Mutter Hochzeit machte, hatte ick eenen Vater ..., aber keenen Vater Staat, der mir zum Studente machen wollte! *Mein* Vater wollte, det ick Budiker studiere ..., aber dadruff wartet der heute noch, hahahahaha!«

Paule riß sich los und rief: »Siehste, haste ja ooch nich jemacht, wat dein Vater wollte!«

Da mischte sich Martha ein und lamentierte: »Det is mein Jatterich! Bloß keenen Streit vermeiden, sojar uff 'ner Hochzeit!«

Butt zwinkerte Paule versöhnlich zu und meinte: »Na, Paule, Sie sollten noch mal 'ne Nacht drüber schlafen ..., und wenn's die Hochzeitsnacht ist!«

An den Folgen dieser Hochzeitsnacht sollte Paule noch lange zu knappern haben. Alles kam anders, wie er sich's jedacht hatte!

Es fing damit an, det Paule sein teuret Weib über die Schwelle zum Brautjemach hieven mußte. Elfi hatte nämlich Butts Lexikönner unterm Arm, und det ergab für Paule een Jewicht von fast zwee Zentner! So ackerte Paule denn wie een Jewichtheber, der 'n neuen Rekord uffstellen will, und fluchte: »Wat mußte ooch die Bücher mitschleppen, Mensch!«

Mit letzten Kräften trug er seine Elfi und die Hochzeitsbibliotheke ins Zimmer und plumpste denn mit seine doppelte Last zusammen uffs krachende Ehebette.

Uff!

Da fiel ihnen ooch noch Tante Nöles Hochzeitsjeschenk uff'n Kopp, een Öljemälde, fast zwee Quadratmeter groß. Det hatte Minna zur Überraschung an de Wand überm Brautbett jepinnt.

Fluchend schmiß Paul det Jemälde in de Ecke: »Jehört so wat vielleicht in een Schlafzimmer? Een röhrender Hirsch, der nach seine Rieke johlt?«

Aber dann nützte er die jünstige Jelegenheit uff

dem Bette und fing an, Elfis Brautschleier zu befummeln. Doch Elfi kloppte ihm uff die Pfoten: »Finger weg!«

Paule war jekränkt: »Willste etwa die Jardine die janze Nacht anbehalten, Elfi?«

Aber Elfis Verhalten sollte ihm noch schleierhafter werden. »Strapazier dir nich, Paule! Unser Kind is bereits unterwegs. Ab heute jeh ick nur noch mit'm Lexikon ins Bette!« Und anzüglich fügte sie hinzu: »Du bist ja leider keens!« Und zu Paules größter Überraschung setzte sie sich eene Brille uff det hübsche Näschen!

»Seit ..., seit wann hast du denn 'ne Brille??«

»Is'ne Lesebrille, Paul! Du hast mir ja nie Gelegenheit zum Lesen jegeben ..., hast immer bloß nach deiner Rieke jeröhrt und denn hinterher jeschnarcht, du Hirsch!«

Paule verdrehte verwundert die Oogen: »Wat hab ick denn da jeheiratet?«

»*Ick* habe jedenfalls eenen janz sturen Bock jeheiratet«, konstatierte die werdende Mutter.

Paul war wieder jekränkt: »Erst bin ick 'n Hirsch, jetzt bin ick 'n Bock! Wat bin ick denn noch allet?«

»Jedenfalls biste keen Lexikon mit Beene!«

»Det wär ja noch schöner!«

»Det wär jenau det, wat unser Sohn braucht, Paulchen!«

Da jeriet Paule ins Schwanken: »Und ... wenn's 'n Mädchen wird?«

Elfi kraulte ihm liebevoll den Milchbart und knurrte wie 'ne Taube: »Nu laß uns doch mal janz in Ruhe und vernünftig reden, Paule. Verheiratete kriegen mehr Stipendium wie 'n jewöhnlicher Studente!«

»Fängste nu also *ooch* mit die ABF an!«

»Wo steht denn jeschrieben, det Verheiratete

dämlich bleiben sollen? Die Ehe is keen Hindernis, Paulchen!«

»Also jut, Elfi … Anjenommen, ick tu euch den Jefallen und jeh studieren! Wat passiert, wenn ick durchs Examen falle? Denn bin ick jahrelang aus'm Beruf raus und kann wieder von vorne anfangen!«

Da küßte ihn Elfi liebevoll: »Du wirst nich durchfallen!«

»Aber … wenn se mich jar nich erst nehmen?«

Wieder küßte ihn Elfi: »Dich nich nehmen? Und ob die dich nehmen werden. Staunen werden die, wat du alles uff'm Kasten hast!«

Dabei schlug sie den ersten Band der Lexikönner auf: »Hier … ›A‹ … wie Anfang … Mal kieken, wat über ABF drinne steht.«

»Det steht noch in keenem Lexikon, Elfi!«

»Weeßte det jenau?«

»Also, wenn ick sonst nischt weeß, *det* weeß ick!«

»O Paule …, ick seh dich schon vor der Prüfungskommission!« Und sie parodierte nu ihren Jatten: »Meine Herren Professors, ick weeß nich nur, wat im Lexikon steht, ick weeß sojar, wat *nich* drinne steht! Also, bedienen Se sich …!«

Da sah Paule ein, det seine Eva nich eher Ruhe jeben würde, bis er in den Appel der Erkenntnis jebissen hätte: »Also, meinetwegen, Elfi … Ick kann's ja mal versuchen!«

»Schwörste mir's?«

»Ick schwör's!«

Und dann kam der schicksalsschwangere Tag, an dem die nicht minder schwangere Elfi Dolle vor der Universität uff den Kandidaten Paul Dolle wartete.

Zitternd zählte sie die Minuten und ihre

Knöppe: »Se nehm' ihm, sie nehm' ihm nich ... Se nehm' ihm, se nehm' ihm nich!«

Und der olle Humboldt-Willem saß uff seinem Sockel und kiekte uff die zitternde Elfi runter, als wollte er sagen: »Nimm dir een Beispiel an mir, mein Kind – ick hab die Ruhe weg!« Um sich abzulenken, rekapitulierte die werdende Mutter und Studentenjattin mit jeschlossenen Oogen: »Humboldt ..., Wilhelm ..., Freiherr von ..., Sprachforscher und Staatsmann ..., 1767 bis 1835 ..., preußischer Kultusminister ..., gründete Universität Berlin ..., arbeitete diplomatisch, Verhandlungen Preußens während der Freiheitskriege und auf dem Wiener Kongreß ..., begründete die neuere Sprachwissenschaft.« Nu machte se die Oogen wieder uff und sagte zum Humboldt ruff: »Stimmt's?«

»Hältste Selbstjespräche?« hörte dann Elfi hinter ihrem Rücken Paule fragen.

»Endlich, Paule ... Wat ist? Nu sag doch schon? Haben se dich für't Studium jenommen?«

Paule zuckte die Achseln: »Nee –! Da kann man eben nischt machen!«

»Det ..., det is doch nich möglich!« Elfi konnte und wollte es nich glooben.

»Nu reg dir wieder runter, Kleene ... Komm, wir fahren nach Hause!« Für Paule schien die Sache eenen juten Ausjang jenommen zu haben. Elfi aber jab sich nich so leicht geschlagen.

»Ick muß noch wat erledigen, Paule!«

»Wo willste denn hin?«

»Ick sag doch, ick muß mal!« Und damit war se schon in der Universität verschwunden.

»Na ja, aber beeil dir!«

Und nu stand Paule unter dem ollen Humboldt und wartete. Aber in aller Ruhe ...

Die Prüfungskommission hatte schon den janzen Tag jetagt und wollte nu eigentlich Feierabend machen. Es stand nur noch een »Paul Dolle« uff ihrer Liste. Und der war nich erschienen!

Die Herren wollten schon die Unterlagen zusammenpacken, als janz aufjelöst Elfi den Prüfungsraum stürmte: »Entschuldigen Sie bitte ... Sind Sie die Prüfungskommission von der ABF?«

Da setzten sich die Herren wieder und zückten seufzend ihre Notizblöcke.

»Ick bin nämlich Frau Dolle!«

Der Vorsitzende der Kommission, ein richtiger Professor, der jenau so aussah wie seine Kollegen aus Heinz Rühmanns feuriger Bowle – jedenfalls kam det der kinoerfahrenen Elfi so vor –, blätterte in der Kandidatenliste und meinte zu seinen Beisitzern: »Scheint ein Druckfehler zu sein ..., nicht Paul, *Paula* Dolle!«

Elfi stand viel zu sehr uff Kohlen, um det mitzukriegen.

»Die Sache is nämlich die ..., mein Mann hat ...«

»Schon gut, schon gut, Frau Dolle! Sie brauchen sich nicht zu entschuldigen ...!«

»Entschuldigen? Hören Se mal, ick wollte ...«

Da unterbrach sie der Professor wieder, diesmal mit väterlich gesenkter Stimme: »Sie erwarten ein Kind?«

»Ja, det is et ja jrade ..., ick habe mit meinem Mann wochenlang jeackert!«

»Wie bitte?«

»Ick meine, jepaukt und jebüffelt ...«

Der Professor ließ seine Brille uff de Neesenspitze rutschen und warf freundliche Blicke uff Elfi: »Alles der Reihe nach, Frau Dolle. Wir brauchen einige Angaben von Ihnen! Beruf?«

»Na, Elektriker is er doch ...!«
»*Ihren* Beruf, Frau Dolle?«
»Wozu is'n det nötig?«
»Sie wünschen doch, daß wir uns mit Ihnen unterhalten, nicht wahr?«
»Na ja ..., aber ... mein Mann ...!«
»Gut, der ist also Elektriker! Und Sie?«
»Seine Frau ..., sonst nischt! Und deshalb frage ick Sie ...«
»Fragen stellen wir, Frau Dolle! Welchen Beruf übt Ihr Vater aus?«
»Vater is dot und Mutter ooch ..., und ick weeß wirklich nich, wozu ...«
Wieder fiel ihr der Professor milde ins Wort: »Sie müssen uns verstehen, Frau Dolle. Als Arbeiter-und-Bauern-Fakultät sind wir natürlich daran interessiert, welcher Herkunft ...«
»Ick sage Ihnen doch die janze Zeit: Mein Mann is Elektriker, und mein Schwiegervater is ...«
»Gemach, gemach, junge Frau. Was wir von Ihnen erfahren möchten, ist: War Ihr verstorbener Vater Arbeiter? Oder Bauer?«
»Maschinenbauer!«
»Also Arbeiter und Bauer«, raunte einer der Herren seinem Nachbarn zu. Der Professor aber überhörte diesen Scherz und wandte sich wieder an die aufgeregte Elfi.
»Gut ... Und Sie haben keinen Beruf erlernt?«
»Ick wollte mal zum Film!«
»Als Schauspielerin?«
»Als wat dachten Sie denn? Als Mickymaus?«
Wieder ignorierte der Professor ein diskretes Kichern seiner Kollegen und setzte sein Verhör fort: »Sie interessieren sich also für Kunst ..., für Kultur?«
»Schon ...! Aber wat intressiert *Sie* det eigentlich? Ick ...«

»Uns interessiert, was Sie interessiert, Frau Dolle!«

»So? Na, dann will ick Ihnen mal sagen, wat mir intressiert ... Mir intressiert ...!« Aber da mußte se sich erst mal de Tränen trocknen.

»Warum sind Sie denn so nervös, Frau Dolle?«

»Na, hören Se mal, da soll man nich nervös sein, wo ick mit meinem Mann Tag und Nacht nich mehr jeschlafen habe ..., vor lauter Wissenschaft!«

Und immer heftiger mußte sie schluchzen: »Die Lexikönner haben wir jewälzt von A bis Z ... und ›Wie der Stahl jehärtet wurde‹ ... Und ... und Kreuzworträtsel jede Menge ... Und 'n historischen Materialismus ... und Makarenko ... und ... und ›In 80 Tagen um die Welt‹ ... und det ... det ›Kommunistische Manifest‹ ... und die ›Jeschichte der KPdSU‹ ... in Klammern ›B‹ ... und Büchmanns jeflügelte Worte ...! Und nu soll det allet umsonst jewesen sein ...?«

»Aber, aber, kleine Frau – noch ist doch gar nichts entschieden!«

»Sie haben ihm doch abjelehnt?«

»Wen –?«

»Na, meinen *Paule* ...?«

Nu merkte die Kommission, det Elfi doch keen Druckfehler war. Der Vorsitzende besänftigte die heulende Elfi: »Ich fürchte, Ihr Mann hat sich selbst abgelehnt, mein Kind!«

»Wie ..., wie denn det?«

»Er ist gar nicht erst erschienen!«

»Ach –?!«

Und der Professor scherzte teilnahmsvoll: »Büchmanns geflügelte Worte sind ihm wahrscheinlich nicht bekommen: Beatus ille qui procul negotiis –!«

»Wie bitte?«

»Glücklich der, welcher fern von den Geschäften!«

Da schneuzte sich Elfi trompetend ins Taschentuch und verkündete: »Ick laß mir scheiden!«

Die Kommission aber steckte die Köppe zusammen. Und dann lächelte der Professor: »Nun, liebe Frau Dolle, vielleicht gibt es da noch einen besseren Ausweg ...?«

»Ick wüßte nich, welchen?«

»Aber wir ...«

Inzwischen hatte sich Paule eene Lulle anjesteckt, balancierte nun die Kippe elejant zwischen seine tabakbraunen Fingerspitzen und überlegte jrade, wie ville Züge die Kippe wohl noch herjeben würde, als Elfi zurückkam, jerafft, jeballt, jestützt!

»Da biste ja endlich, hat ja 'ne Ewigkeit jedauert. Wat machste denn für'n Jesicht?«

»Sie haben dich nich jenommen?«

»Nee ..., äh ..., wieso?«

»Aber *mir*!«

Und damit marschierte Elfi im Triumph davon. Fassungslos stand Paule da, die Kippe fiel ihm aus der Hand ..., er wollte seiner Elfi nach: »Elfi ...?!«

Dann aber bückte er sich erst mal nach der wertvollen Kippe und stoppte sie in die Kamel-Schachtel zurück, wie eenen seltenen Schmetterling!

Ein alter Hebammenspruch heißt: »Wenn die Männer die Kinder kriegen müßten, wäre die Menschenheit schon ausjestorben!« So een Mann war Paule. Bei ihm setzten die Wehen schon Anfang September ein, obwohl die Niederkunft erst unjefähr Ende des Monats erfolgen sollte. Er war bloß noch een elektrischet Nervenbündel, ständig unter Strom. Det Schlimmste war, er bildete sich felsenfest ein, det er mindestens Fünflinge kriegen würde. Und mit dieser Wahnvorstellung löcherte er die janze Familie und vor allen Dingen die Hebamme, Frau Klunker. Die hätte er am liebsten im »Schützenhaus« einquartiert, um se jederzeit griffbereit zu haben. Als der Termin immer näher rückte, alarmierte er die jeplagte Hebamme schon beim kleensten Piep ...! Hätte er jedesmal die Feuerwehr alarmiert, wären die nach'm dritten blinden Alarm nicht mehr jekommen!

So jing's denn ooch mit der Klunkern. Als es bei Elfi wirklich losjing, bockte se und blieb zu Hause!

Nu mußte Martha ran und Minna, Wasser kochen und sowat. Im letzten Moment erschien denn doch die jewissenhafte Frau Klunker, zur alljemeinen Erleichterung.

Es war der 6. Oktober 1949.

In der Gaststube waren die männlichen Dolles versammelt und drückten die Daumen. Die letzten Jäste waren schon jejangen, und wir unterhielten uns nur noch flüsternd, damit wir ooch rechtzeitig det Krähen von oben vernehmen konnten.

Paule dachte an seine Zukunft und frohlockte: »Wenn Elfi erst det Kind an de Brust hat, denkt se nich mehr ans Studieren. Dann wird se von janz von alleene wieder normal!«

Vaterns oller Regulator zeigte kurz vor Mitternacht.

Und Jottlieb sprach: »Na, heute werde ick wohl nicht mehr Uropa.«

»Is noch allet drinne, Vater«, sagte ick, »die Uhr jeht doch seit zwanzig Jahren zwanzig Minuten vor!«

Det hatte Jottlieb in der Aufregung janz verjessen. Wir lauerten also weiter uff den ersten Schrei aus Säuglingskehle.

Da kam Hauptmann Butt in die Gaststube, auffallend vergnügt. »Nabend, die Herren, jibt's noch wat zu trinken?«

»Is eigentlich schon Polizeistunde, Herr Polizeioffizier«, knurrte Vater, goß aber schon eene Molle ein.

Butt haute dem kreißenden Paule uff die Schulter: »Na, junger Vater? Wie stehn die Aktien?«

»Wat sind denn det für kapitalistische Ausdrücke?« knurrte Paule zurück. Ihm lagen noch immer die Lexikönner uff'm Magen.

Ich gab nu freundlichst Auskunft: »Heute scheint's endlich zu klappen, Genosse Hauptmann!«

Dann kiekte uns Butt so merkwürdig an und grinste: »Dann wird euer Stammhalter vielleicht der erste deutsche demokratische Republikaner ... oder 'rin', wenn's 'n Mädchen wird!«

Aus dem Jerede wurden wir natürlich nich schlau.

»Haben Sie denn heute nicht mal ausnahmsweise den Berliner Rundfunk jehört, meine Herren?«

»Nee, wir hatten nich mal Zeit für'n RIAS jehabt in der janzen Uffregung. »Gibt's denn wat Besonderes?«

»Kann man wohl sagen!«

»Gute Nachrichten?«

»Sehr gute ...!«

Und dann rückte Butt mit der juten Nachricht heraus: »Morgen wird die Deutsche Demokratische Republik proklamiert!«

»Wurde ja ooch Zeit, det wir unseren eigenen Laden uffmachen!« war mein erster Kommentar.

Da begann Vaterns Regulator zwölfe zu schlagen.

Und Butt hielt sofort eene Rede: »Ein historischer Tag bricht an. Der 7. Oktober 1949. Die Geburtsstunde des ersten Arbeiter-und-Bauern-Staates auf deutschem Boden!«

Mir wurde richtig feierlich zumute. Mein Enkel sollte nu eens der ersten Kinder von diese Republik werden, wenn nich überhaupt det allererste, een Dolle! Doll.

Und als Butt mal in seinem Mitternachtsreferat am Bier nippte, hopste mir det Herz uff de Zunge, und ick bat ihn: »Sie müssen die Patenschaft über meinen historischen Enkel übernehmen, Genosse Butt ... Wird überhaupt die höchste Zeit, det wir auf'n Duz-Fuß zu stehen kommen ... Ich wollte Ihnen det Du schon lange anbieten, wo Sie doch schon soville für uns jetan haben ... Und ..., und als Patenonkel würdeste endlich noch mehr zur Familie jehören ... Heinrich ..., trinken wir uff eene jemeinsame Zukunft!«

Prost!

Butt lachte: »Gegen das Du wäre nichts einzuwenden, Willi. Aber Pate kann man nur mit Einwilligung der Eltern werden!«

»Ach wat, die werden vor Freude an de Decke springen!«

Aber Paule dachte jar nich daran: »Ick brauche keenen Patenonkel, der mir meine Ehe noch mehr durcheinanderbringt!«

Auch Gottlieb bekräftigte diese Ablehnung durch heftiges Nicken.

Ick wies meinen unjeratenen Sohn zurecht: »Als Vater eenes historischen Kindes haste überhaupt keenen Grund, hysterisch zu werden. Du solltest dir der Ehre bewußt sein ... Jawoll, Bewußtsein, det is bei dir eben noch immer een Engpaß!«

Da spitzte Butt die Ohren und lauschte nach oben: »Psst doch mal ...!«

Und dann hörten wir alle det lang erwartete Jebrüll. Mein Enkel war einjetrudelt!

Paul fing an, wie een Rumpelstilzchen rumzuhopsen, und brüllte mit eene hysterische Lache: »Hahaha ... Von wegen historischet Kind ...! Wir haben noch immer den sechsten Oktober!«

Da kam ooch schon Martha die Treppe runterjewackelt, janz erschöpft.

»Na, Martha? Wat haben wir?"

Martha wankte zur Theke: »Eenen Doppelten!«

»Zwillinge?« rief Paul entsetzt.

»*Ick* brauch 'n Doppelten, Willi ...! Wir haben eenen *Jungen*!«

Da vergaß Paule seinen Ärger und jaulte jubelnd: »Een Junge? Elfi ..., ick komme!!« Und weg war er.

Betreffs der Bedeutung des 7. Oktobers kam ja Martha nu etwas aus'm Mustopp.

»Der 7. Oktober is nämlich een historischet Datum, Martha ... Det is keen jewöhnlicher Jeburtstag, sondern een Jeburtstag für die janze Bevölkerung der Deutschen Demokratischen Republik!«

Martha blieb verständnislos: »Aber Willi, unser Peterle is am sechsten Oktober zur Welt gekommen ... Jenau 23 Uhr 46 ...! Ich hab's mir von der Hebamme uffschreiben lassen für det Horoskop ...! Unsere olle Uhr jeht doch immer vor!«

»Mensch, Martha – so jenau kackt keene Henne. Lassen wir's beim Siebenten, null Uhr null. Eenen jünstigeren Stern kannste dir für een Horoskop jar nich wünschen!«

Und Butt lachte: »Die Sieben ist doch eene Glückszahl, Frau Dolle!« Prost!

»Die Sieben als Glücksstern und den Jenossen Butt als Patenonkel, wat willste noch mehr, Martha?«

Jegen den Patenonkel hatte se nischt einzuwenden – (von wegen »Vitamin B« seligen Anjedenkens!) – ! Und sie trank mit Hein Butt Brüderschaft. Prost!

Da kam Minna runter und traute ihren Augen nich: »Ihr knutscht euch?«

Nun sollte Minna an die Reihe kommen.

»Los, Minna, stoß mit Butt an uff du und du …!«

Minna erbleichte: »Mit *dem* …?«

Aber Butt hatte se schon beim Wickel und drückte ihr eenen kräftigen Schmatz uff die rechte Wange und dann eenen uff die linke Wange, wie et sich für'n Jenossen jehört.

Minna war eener Ohnmacht nahe. Als se sich von dem Schreck etwas erholt hatte, hauchte sie, janz benommen: »Oh, Sie …, Sie …, det werde ick dir nie verjessen!«

Und det tat se denn ooch!

Nu brachte uns Frau Klunker uff ihre Ammen-Arme den jüngsten Dolle runter und jab ihn jewissermaßen zur Besichtigung frei. Und als Butt den kleenen Peter janz vorsichtig in die Arme nahm, stieß mir Martha in de Rippen und raunte mir frohlockend ins Ohr: »Hauptsache, Butt wird det Kind ooch weiter schaukeln, wat?«

3.

1954 war det »Jahr der großen Initiative«.

Da war im Oktober nämlich der fünfte Jeburtstag fällig. Von der Republik und meinem Enkel.

Bei den Dolles wurde eene jroße Initiative aber nich wegen diesem Doppel-Ehrentag entfacht, sondern durch een janz privates Ereignis. Martha und icke feierten im März unsere silberne Hochzeit!

Es war een Tag der anjenehmen und unanjenehmen Überraschungen. *Keine* Überraschung war Minnas Hochzeitsjeschenk. Een Dutzend Topplappen, selbst jestrickt! (»Aber reine Westwolle, Martha, die haste ewig!«)

Ick hatte für Martha eenen Blumentisch erworben, hochmodern, rund wie 'ne Niere, mit grüne Kacheln und mit Beene aus Schmiedeeisen. (Det war een Massenbedarfsartikel aus der Kampagne »Tausend kleene Dinge« ... vom Lokomotivbau Babelsberg.) Deshalb war dieser Kacheltisch ooch fast so schwer wie 'n Kachel*ofen*!

Unser kleener Peter hatte ooch een sehr schönet Jeschenk parat: Mit seine fünf Jahre konnte er nämlich noch immer kein »K« sprechen. Statt Kasten hieß es bei ihm »Tasten«, usw.! Forderte man ihn auf: »Nun sag mal Kuchen, Peterle!«, antwortete das schlaue Kerlchen: »Torte!«

Heute aber, als Elfi ihre selbstjebackene Hochzeitstorte mit 'ner silbernen »25« druff uff'n Gabentisch stellte, strahlte unser kleener Peter aus alle Knopplöcher und sagte laut und vernehmlich »Kuchen« zu der Torte!

Die erste unanjenehme Überraschung kam denn von Paule: Een Fernseher, Marke »Rembrandt«!

Tausendvierhundert Märker hätte ick nich lokkermachen können, um Martha so 'ne Freude zu machen. Aber mein Herr Sohn konnte sich det ja leisten.

Seit vier Monaten arbeitete er drüben in eener Elektrojerätebude. Een Wanderbursche zwischen zwei Welten, via Wechselstube!

Bei Martha und vor allem bei Minna hatte Paule ja jroßen Erfolg mit seinem Fernseher. Minnas erste Frage war: »Kriegste damit ooch'n Westen?«

Man kriegte.

Dem wollte ick eenen Riegel vorschieben. Schon, um Paule zu ärgern. »Ick wüßte ja 'n juten

Platz für det Ding ..., unten in unsere Jaststube! Jeden Abend hätteste jarantiert 'ne volle Bude, Martha!«

Meine jeschäftstüchtige Ehehälfte sah ooch sofort die Vorteile. Außerdem saß se abends sowieso nich im Wohnzimmer rum. Mein Vater und vor allem Minna stimmten se aber um: »Öffentlich dürfen wir bloß 'n Ostsender kieken ..., wenn schon Adlershof, denn lieber eenen Wodka!«

Und Vater setzte noch eenen druff: »Wir sind 'ne anständige Kneipe und keen Aufklärungslokal von de Nationale Front!« (Damals sorgte die Nationale Front mit ihre Fernsehstuben een bißken für Publikumsverkehr, da hatte se een Monopol druff!)

Det Jerät blieb also oben in unsere Wohnstube!

Fast noch mehr als Paules Jeschenk aber wurmte mich det Verhalten von Elfi, der hoffnungsvollen ABF-Studentin. Die hatte nämlich nischt jegen Paules Grenzjängerei, im Gegenteil. Dauernd brachte Paule ihr wat mit, jeringelte Neilongs, sogar Nietenhosen – wat damals noch keene sozialistische Jugendmode war! Dabei mußte Elfi doch eigentlich wissen, det Paule det bloß aus Daffke machte, um ihr zu imponieren, von wegen: Man muß nich studieren, um wer zu sein!

Aber Elfi ließ die Karre loofen. Die Interessen der Eheleute trafen sich nur noch in eenem Punkt un an eenem Ort: Im Bette! Eenen ostwestlichen Diwan hatten se daraus jemacht.

Die schlimmste Überraschung aber bescherte mir mein eigener Vater mit seinem Jeschenk: Er hatte Martha und mir sein »Schützenhaus« überschrieben, zu gleichen Teilen, notariell beglaubigt ... Und ab sofort!

Martha konnte ihr Glück nich gleich fassen:

»Kneif mir mal, Willi …, ob ick det nich allet bloß träume?«

Ick aber fluchte: »So eene bodenlose Heimtücke!«

Mein Vater grinste nur schadenfroh: »Ick werde dieset Jahr fünfundsechzig und setz mir eben zur Ruhe!«

Ick wurde immer wütender: »Und ick soll deinen Platz hinter der Theke einnehmen, wat?! Nee, du …, ick bin Maurer und keen Mollenjongleur!«

Martha mischte sich mang: »Aber Willi …, erben tuste doch sowieso mal, da kommste nich drum rum, du …!«

»Vater wollte mir schon vor fünfundzwanzig Jahren zum Budiker machen … Und jetzt versucht er's wieder mit diesem Dreh.«

Aber Vater ließ sich uff keene Diskussion mehr ein: »Wird höchste Zeit, det du uffhörst, den Proleten zu spielen, Willi! *Jastwirt* …, det is wat Reelles!«

Und damit jing er runter in die Jaststube, um die Rolläden hochzuziehen für die ersten Jäste.

Paule legte seinen Arm um Martha und grinste mir teuflisch an: »Laß man jut sein, Mutter, du wirst Vatern schon det fehlende Kassenbewußtsein beibringen, wat?«

Und Martha versuchte, mich zu besänftigen: »Willi, nu stell dir doch nich so uff deine Hinterbeene, oller Knabe. Du weeßt jenau, det ick den Laden hier nich alleene schmeißen kann. Du mußtest doch damit rechnen, det Vater sich eines Tages zur Ruhe setzt …«

»Der … und sich zur Ruhe setzen?! Hahaha …, ick kenn doch meinen Vater …, der schmeißt noch mit'm *Sarg*deckel!«

Nachdem Gottlieb unten die Rolläden hochjezogen hatte, erschienen ooch gleich die ersten Jäste, sojar mit'm Blumenstrauß. Es waren meine Lehrlinge von der Jugendbrigade »Dolle«. Det Mädchen Krümel und die Herren Atze, Hotte und Siegmar. Alle hatten se sich an diesem Sonntag in Schale jeschmissen, um mir zur silbernen Hochzeit zu gratulieren. Leider gerieten se an den falschen Dolle, meinen falschen Vater, det Aas!

Krümel tat jeheimnisvoll: »Wir wollen nämlich unsern Meesta überraschen ... Atze hat 'n Jedicht jedichtet, wat sich sojar reimt ...«

Und Atze deklamierte es stolz, aber leise: »Der Meesta is een doller Hecht, der zeigt uns jern die Zähne ..., wenn's nich so klappt, wie er's jern möcht ..., denn macht er uns gleich Beene!«

Da grinste Vater bedeutungsvoll: »Der hat euch die längste Zeit Beene jemacht ... Tja ..., er wird ja nu in' Sack hauen!«

»Unser Meesta?? Unmöglich! Jestern hat er noch zu uns jesagt: ›Mit euch zusammen bau ick noch den ersten Berliner Wolkenkratzer!‹«

Vater grinste mitleidig: »›Wolkenkratzer‹? In Ost-Berlin? Und sowat habt ihr ernst jenommen?«

»Aber ... warum will er denn weg?«

»Weil er hier det Lokal übernimmt!«

Det war zuville für meine Brigade!

»Also, mir is die Lust zum Jratulieren verjangen!«

»Mir ooch!«

»Eene schöne Pleite. Und mitten im Wettbewerb läßt er uns im Stich!«

»Wissen Se wat, Chef, bestellen Se Ihrem Sohn 'n schönen Gruß ..., und wir wären nich dajewesen!«

»Wird bestellt!«

Und die Blumen schmissen se draußen in die nächste Mülltonne.

Am nächsten Morgen hatte ick von acht bis zehne Produktionsbesprechung, und noch nie war mir eene Sitzung so endlos vorjekommen. Die janze Zeit mußte ick an meine Truppe denken und an det, wat die von mir denken mußte. Vater hatte natürlich brühwarm von dem Besuch erzählt. Und nu mußte ick det Porzellan wieder kitten, wat er zertöppert hatte.

Auf dem Bauplatz fand ick meine Lehrlinge mit eenem Kasten Bier vor, und jeder hatte 'ne Pulle in der Hand. Sogar Krümel. »Wat is'n hier los? Seit wann wird'n *Bier* jefrühstückt?«

Die Bande ulkte nu rum, so uff die lässige Tour. »Een Budiker, der wat jegen Bier hat, det jibt's doch gar nich, ... eh!« Und Atze grölte: »Der schönste Platz is immer an der Theke ..., holladrio ...!«

Da stellte ick mir in Positur und kommandierte: »Alle mal herhören!«

Dann erklärte ick der meuternden Bande: »Den Floh, den mein Vater euch da jestern ins Ohr jesetzt hat, den könnt ihr wieder hopsen lassen! Ick habe nich die Absicht, Budiker zu werden, ick hatte se nich, und ick werde se ooch nie haben!«

Zuerst freute sich Krümel darüber: »Denn wollten Se also jar nich kündigen, Meesta?«

»Det ihr mir sowat überhaupt zujetraut habt.«

Da waren wir nu wieder versöhnt. Und Atze griff zu eener Pulle: »Dadruff müßten wir eigentlich eenen nehmen, Meesta!«

»Nach Feierabend, Atze ...! So, und nu aber ran an die Buletten! Warum looft der Mischer noch nich?«

»Keen Zement jeliefert worden!«

»Schon wieder nich? So eene Schlamperei!«

Und die Bande grinste: »Keen Stein, keen Kalk, nur Bier!«

Aber ick fand det jar nich lustig. Immerzu Wartezeiten schreiben, det hing mir langsam zum Halse raus. Wie sollten wir denn da unsern Plan erfüllen? Und ick seufzte: »Zeiten sind det.«

»Wartezeiten!«

Als Lehrausbilder fühlte ick mir nu zu einer kleenen aktuellen Rede verpflichtet: »Ja, die Leute warten uff Wohnungen und wir uff Zement! Eener wartet immer uff den anderen. Kommste heute nich, kommste morgen! Da soll nu eener den Sozialismus aufbauen ...! Wißt ihr, wat *ooch* zum Sozialismus jehört?«

»Zement!«

»Nee – det sich nich nur eener uff den verläßt, sondern det sich eener uff den anderen verlassen *kann*!«

Det war een schöner Spruch, reif für de Wandzeitung!

Aber uff die Wandzeitungen in unserm Betrieb wimmelte es von schönen Sprüchen. Und fast alle handelten vom »Jahr der großen Initiative«. Na ja – Papier is jeduldig, sagten meine Lehrlinge und drückten damit nich gerade Optimismus aus.

»Jut – soll det Papier jeduldig sein, wir sind keen Papier, also unjeduldig!« philosophierte ick. »Und deshalb müssen wir die Initiative ergreifen!«

»Ohne Zement keene Initiative!«

»Falsch, Jugendfreunde: Ohne Initiative keen Zement!«

»Wollen Se etwa welchen klauen jehen, Meesta?«

»Nee – aber *orjanisieren*!«

Und ick orjanisierte Zement, 'n janzen Kipper voll.

Ein paar Tage druff wurde ick zu unserm Kaderleiter jebeten. Jenosse Roß! Der war frisch von der Verwaltungsschule in unsern Betrieb jekommen, volljestoppt mit theoretische Kenntnisse, die er nu in der Praxis in Erkenntnisse umsetzen sollte. Vorläufig hatte er nur *eine* Erkenntnis jewonnen: Im Mittelpunkt steht die Kaderakte des Menschen!

Er bot mir freundlichst Platz an und kam ooch gleich zur Sache, wie een Vernehmungsrichter: »Am Montag hast du während der Arbeitszeit die Baustelle verlassen, Kollege Dolle?«

»Arbeitszeit is jut ..., hahaha ... *Wartezeit* is det jewesen!«

»Auf unserem Objekt hast du einen Kipperfahrer vom VEB Baustofftransporte überredet, mit dir zum Osthafen zu fahren.«

»Überredet –? *Überzeugt* habe ick ihm, Kollege Roß! Die Kipper fuhren nämlich von unserm Bauplatz nur Schutt ab und kamen leer retour, statt uff'm Rückweg Zement für uns mitzunehmen. Ick habe also nur für volle Auslastung eenes Transportmittels jesorgt!«

»Du befandest dich jedoch nicht im Besitz geeigneter Dokumente, die zur Auslieferung des Zements berechtigt hätten?«

»Ick hatte eenen Wisch von unserm Ingenieur!«

»Zuständig für den Transport von Baumaterialien ist einzig und allein der VEB Baustofftransporte!«

Langsam langte et mir: »Sag mal, Kollege Roß, willste hier uff Amtsschimmel machen?«

Aber der Kaderleiter ließ sich nich aus der Ruhe bringen: »Du warst also nicht berechtigt ...«

»Berechtigt, berechtigt ...! Wir haben det Jahr der großen Initiative ..., und wenn da eener durch operativen Einsatz mit objektiven Schwierigkeiten fertig wird ...«

»Darum geht es gar nicht!«

»Ach nee –? Nich um den Zement?«

Nun zitierte der Kollege Roß fast wörtlich aus seine Unterlagen: »Als der Lagerverwalter im Osthafen sich zunächst weigerte, dir den Zement auszuliefern, äußertest du in erregtem Ton: ›In unserem Staat geht alles zum Teufel!‹ Gibst du das zu?«

»Nee!«

»Vier Zeugen bestätigen das aber ...?!«

»Ick habe jesagt: ›In unserem Staat geht alles *Komma* zum Teufel!‹ «

»Von einem Komma steht hier nichts!«

»Denn mal's jefälligst rin!«

Doch Roß fragte unjerührt weiter: »Dein Vater ist selbständiger Gastwirt?«

»Ja ..., aber wat hat denn mein Vater mit det Komma zu tun?«

»Dein Sohn arbeitet in Westberlin?«

»Ja ..., aber ...«

»Warum?«

»Wieso warum?«

»Warum arbeitet dein Sohn nicht bei uns?«

»Willste mir ooch noch meinen Sohn anhängen?!«

Det Verhör jing weiter: »Illegaler Geldumtausch ... Devisenvergehen ..., unter einem Dach mit dem Vater ...!«

»Warum sagste nich gleich ›unter eener Decke‹?« Allmählich fing ick nu doch an, aus der Haut zu fahren.

»Ich verstehe ja, Kollege Dolle, daß du deine Kaderakte nicht gern um eine negative Einschätzung bereichern möchtest, aber vier Zeugen stehen gegen dein angebliches Komma!«

»Angeblichet Komma?! Nu mach aber mal'n Punkt!«

»Wenn du wenigstens noch unter Alkoholeinfluß gestanden hättest? Aber so?«

»Du gloobst mir det Komma nich? Du gloobst diesem Bericht? Diese Bürokraten wollen mir doch bloß eins auswischen, weil ick ihnen mal uff'n Putz jehauen habe, det ihr Kalk rieselte!«

Für den Kaderleiter aber war det Thema erledigt. »In unserem Jugendobjekt können wir dich jedenfalls vorläufig nicht mehr einsetzen, aus pädagogischen Gründen!«

Da platzte mir endgültig der Kragen.

»In unserem Staat jeht wirklich allet ... Komma ... zum Teufel! Da jeht es sojar, det man eenen wie dir zum Kaderleiter macht!«

»Genug, Kollege Dolle!«

»Und weeste, wat noch allet jeht ... Komma ... zum Teufel? *Ick* jehe ..., und zwar fristlos!«

In meiner Wut nahm ick ihm den Bericht vom Schreibtisch weg und zerriß ihn in tausend Stücke.

»Kollege Dolle ...?«

»So ..., Komma ..., Kollege Amtsroß ... Jedankenstrich ..., da haste deinen Bericht ..., Ausrufungszeichen!«

Und warf ihm die Fetzen an'n Kopp.

In der folgenden Nacht konnte ick keenen Schlaf finden. Nicht, weil meine bessere Hälfte unser Schlafzimmer mit dem Lärm eenes Sägewerkes erfüllte, sondern weil mir meine Kündigung am Jemüt knabberte!

Man soll eben immer erst mal eene Nacht drüber schlafen, bevor man sich hinreißen läßt, wat zu zerreißen.

Und ick hatte mehr zerrissen als nur een Stücke Papier. Ein verbindendes Band hatte ick zerrissen zu meiner Brijade ..., zu meinem janzen bisherigen Leben, wie eene Nabelschnur! Aber ick fühlte mir janz und jar nich wie neujeboren. Ick sah dauernd meinen Freund Butt vor mir, unseren Jenossen Patenonkel. Ick sah ihm immerzu nur mit'm Kopp schütteln, bis mir davon janz schwindlig wurde.

Vor Jahren hatte ick ihm versprochen, det er an mir seine Freude haben sollte. Und nu hatte ick mir selbst hinter de Theke verdammt, Jastwirt Willi Dolle ..., jewesener Maurer, und fand alles zum Kotzen, am meisten mir selber! Am nächsten Morgen war meine ahnungslose Martha schon früh uff ihre Sektpullenbeene und wienerte ihren jeliebten Tresen mit Sidol. Dazu spielte der RIAS seine Morjenmusike mit sojenannte Jeburtstagsgrüße in die sojenannte DDR.

Als ick mir nu mit eener Leichenbittermiene und voller Galgenhumor zum Dienst meldete, war det für Martha een sehr freudiger Schreck in der Morjenstunde.

»Du ... hast jekündigt, Willi?«

Schon hing se an meinem Hals und knutschte mir ab, wie schon seit Jahren nich mehr. Aber ick wehrte ab: »Freu dir nich zu früh, Martha. Wenn ick nu schon den Budiker machen soll, will ick wenigstens uff detselbe Jeld kommen, det ick als Maurer verdient habe. Und det war nich zu knapp ...«

»Kommste, Willi, kommste!« jubelte Martha.

Ick aber kam ihr erst mal mit'm Verbesserungsvorschlag: »Wir müssen endlich eenen Kommissionsvertrag mit der HO machen!«

Det dämpfte Marthas Jubel: »Mit die HO?«

Ick zählte nu uff: »Det bedeutet een besseret Sortiment an Schnäpsen und Zijaretten ..., und überhaupt können wir denn ooch Kaffee und Kuchen führen und 'n markenfreien Mittagstisch.«

»Ick will mit die HO nischt zu tun haben!«

»Und ick will mir hier nich als kapitalistischer Ladenhüter etablieren, Martha!«

»Komm mir bloß nich mit deine Polletik, Willi!«

»Ick rede von unserer Perspektive! Und wenn wir nich mit der Konkurrenz gleichziehen, haben wir keene!«

»Wat verstehst *du* schon vom Jeschäft?«

»Immerhin soville, det wir hier jenau zwischen zwei HO-Jaststätten liegen. Zwei Kilometer stadtwärts is die HOG ›Sportklause‹ ... und eenen Kilometer weiter von uns is die HOG ›Zum Pankjrafen‹. Dagegen kommste uff die Dauer nich an. Nich kleckern, klotzen ... heißt et bei de Maurer!«

Aber Martha hatte eene andere Idee, bloß, um nich HO werden zu müssen: »Wir müssen eben endlich die Endhaltestelle von der Straßenbahn hier vor unser ›Schützenhaus‹ kriegen, denn sind wir *ooch* aus'm Schneider!«

Na, det war ja nu een janz alter Hut.

»Die Endhaltestelle? Mensch, an det Projekt hat sich doch Vater schon seine sämtlichen Zähne dran ausjebissen!«

Aber Martha ließ nicht locker: »Jehste eben zu Butt, Willi! Der sitzt doch jetzt im Rat des Stadtbezirks ..., als Verkehrsfritze ..., direkt an der Quelle.«

»Momentan *liegt* er ... im Krankenhaus Buch und macht 'ne Schlaf-Tour!«

»Dann warten wir eben, bis er ausjeschlafen hat! Mein Jott, uff die paar Wochen kommt's doch nu ooch nich mehr an, Willi!«

»Denkste, der verlängert uns die Straßenbahn, bloß, damit det ›Schützenhaus‹ besser floriert?«

Wenn se wollte, konnte meine Martha richtig

fortschrittlich werden: »Brauchste ihm doch nich so direkt uffs Butterbrot zu schmieren, Willi! Schließlich sind hier die Bewohner der Jartenstadt, die jeden Morgen zwee Kilometer zur Straßenbahn loofen müssen und abends zwee Kilometer retour, jenau so an eener neuen Endhaltestelle interessiert! Butt könnte een jutes Werk für die Alljemeinheit tun, so wat läßt der sich doch nich entjehen!?«

Aber diesmal sollte meine Ilsebill ihren Willen nich bekommen. Ick wollte uff keenen Fall zu Butt gehen. Schon jar nich als frischjebackener Jastwirt.

Und uff eenmal durchschoß mir eene rettende Idee: Wenn ick nu selber, uff eigene Faust, für die Verlängerung der Straßenbahn sorgen würde? Die BVG hatte sich seit Jahren damit rausjeredet, det se keene Schienen hätte. Also mußte man ihr welche besorgen!

Wie hatte Martha doch immer so treffend jesagt? Wo een Willi is, is ooch een Weg! Warum also nich ooch mal een *Schienenweg*?

Ick ergriff also die große Initiative und unsern alten Fotoapparat, setzte mir uffs Fahrrad und strampelte den janzen Tag kreuz und quer durch die Stadtbezirke, auf der Suche nach stilljelegte Straßenbahnstrecken. Wo ick welche fand, knipste ick se. Sechs-mal-neun-Format! Und ick wurde sehr fündig! Am Abend hatte ick mindestens zehn Kilometer unjenutzter Schienen im Kasten, mehr als der BVG lieb sein konnte! Als die Fotos entwikkelt und abjezogen waren, meldete ick mir beim zuständigen BVG-Direktor und blätterte ihm die Schienen-Fotos hin wie 'n Grand mit vieren!

»Herr Direktor, begraben wir endlich det Papierkriegsbeil und fangen wir an mit dem Straßenbahnbau! Schienen jibt's jenug!«

Der Direktor kiekte sich die Fotos an, als wären's lauter nackte Damen. Jedenfalls lächelte er richtig bewundernd: »Gut, Herr Dolle ..., sehr gut sogar! Die Schienen haben Sie uns gebracht. Aber nun brauchen wir dazu auch die Oberleitung. Und Oberleitung bedeutet Buntmetall!«

Und det hatten se natürlich bei der BVG nich übrig, schon jar nich für uns!

Also blieb nu ooch noch det Buntmetall an mir hängen.

In unserem Wohnzimmer tagte der Familienrat. Martha, Vater, Paule, Minna und meine Wenigkeit. Als einziger Punkt uff der Tagesordnung stand det Buntmetall für die Oberleitung! Der erste Vorschlag kam von Tante Nöle: »Ick würde vorschlagen, det wir den Fernseher einschalten. Da looft gleich Fjuri, det wilde Pferd!«

Paule grinste zustimmend: »Sehr juter Vorschlag!«

Aber Martha legte sich nu mächtig für de Tagesordnung ins Zeug: »Hör mal, Minna, det jeht hier um unser ›Schützenhaus‹. Und det is ooch *deine* Existenz!« Und Martha hielt nu een flammendes Referat: »Die Endhaltestelle rückt in greifbare Nähe. Die Bahn wird uns neue Kundschaft bringen. Besonders zum Wochenende bedeutet det een Stoßjeschäft mit Bier und Brause, wenn die Ausflügler kommen. Vor allen Dingen können wir endlich die Konkurrenz von der ›Sportklause‹ ausschalten! Aber daraus kann nur wat werden, wenn wir der BVG außer de Schienen ooch det Buntmetall servieren! Und deshalb schlage ick vor, det wir in der Jartenstadt eene Buntmetallsammlung veranstalten, Willi.«

Aber Minna sehnte sich nach det wilde Fernsehpferd und nölte mit 'ne Flappe: »Willste etwa mit'm Leiterwagen durch de Straßen ziehen und ›Lumpen, Knochen, Papier, altes Eisen‹ rufen?«

»Warum nich? Wenn ick damit die Endhaltestelle vor unsere Türe kriege?«

Und zu ihrem Schwiegervater sprach sie mit eenem jewissen Vorwurf: »Jetzt könnten wir deine Bleikugeln jut jebrauchen, Jottlieb!« Aber dieser Vorrat war längst den krummen Weg allen Buntmetalls jejangen!

Vater fühlte sich ooch prompt uff'n Schlips jetreten und knurrte: »Mit die Endhaltestelle wird det sowieso nischt, det sage *ick*! Und ick spreche aus Erfahrung. Ick habe mir wegen der Bahn immer wieder an die allerhöchsten Stellen jewendet, erst an Majestät, dann an Eberten ..., an Hindenburch ..., sojar an' Führer! Und wat hat sich jetan? Nischt!«

Paule grinste: »Versuch's doch mal bei Pieck, Opa!«

»Pieck sind wir selber!« Det kam von mir.

Und meine Martha kam immer mehr in Hochform: »Jetzt hat sich aber wat jetan, Vater ..., die Schienen sind orjanisiert. Nu müssen wir bloß noch die Bevölkerung mobilisieren zum Spenden!«

Minna mokierte sich wieder: »Vielleicht kriegen wir die Leute zum Mitmachen, wenn wir Freibier spendieren?«

»Soweit kommt det noch!« Det war Jottlieb.

Ick schlug een besseret Rezept vor: Mit jutem Beispiel voranjehen!

Davon wollte Vater ooch nischt wissen: »Soll ick etwa die Messingbeschläge von der Theke abmontieren? Und de Bierhähne?«

»Nee, Vater – aber beispielsweise unsere schöne Wetterfahne uff'm Dach!«

»Der Wetterhahn soll ab?« protestierte Minna.

»Wie solln wir denn da sehen, woher der Wind weht?«

»Bei dir jibt's doch sowieso bloß Westwind, Minna!« konterte ick.

Woraufhin Vater den Familienrat verließ: »Also, ick muß jetzt endlich runter, mir um die Jäste kümmern, ick kann mir mit eurem Quatsch nich uffhalten!«

Endlich konnte Minna nu ihren Mustang anstellen: »Kiek doch mal ..., da looft Fjuri!«

Aber wir kiekten nich uff den Fernsehjaul, sondern uff Elfi, die total verheult ins Zimmer jekommen war, noch in Hut und Mantel und mit ihre Aktentasche.

Unsere Studentin hatte eene Fünf jeschrieben. In Klausur!

»Wat is'n *det* für'n Fach?« wollte ihr Ehemann wissen.

»Det kannst ooch bloß *du* fragen ... Dich hat mein Studium eben nie interessiert!« Und nu jing der Ehekrach richtig los, wat man »Stunde der Wahrheit« nennt!

Elfi war vor den Institutsdirektor zitiert worden, wie ick neulich vor meinen Kaderleiter. Und der hatte se ausjequetscht wegen Paule und überhaupt ihrem Privatleben. Na ja, det mußte ja mal kommen!

»Wat hat'n dein Direktor unsere Intimatmosphäre zu kümmern?« ereiferte sich Paul.

Ick fuhr ihm gleich in die Parade: »Wenn *du* die janzen Jahre Elfis Studium finanziert hättest, würdeste wohl ooch wissen wollen, warum se kurz vorm Examen Fünfen schreibt!«

Aber Paule wurde immer wütender: »Na, und haste dem Direktor dein Herz ausjeschüttet?«

Elfi schüttelte schluchzend den Kopp: »Sollte ich mir selber een Armutszeugnis ausstellen?

Sollte ick dem Direktor sagen, daß ich einen Mann liebe, der nichts begreift und auch gar nichts begreifen will? Wozu studiere ich eigentlich? Doch nich für mich allein! Ich soll mein Wissen *weitergeben*! Ich habe mir auch mal eingebildet, daß ich das Zeug dazu habe! In der Theorie sieht alles so einfach aus …! Was habe ich denn meinem eigenen Mann geben können? Ja, du stehst da und grinst, Paule! Du hast mich ja nie ernst genommen! Weil dir die ganze Richtung nich gepaßt hat! Wann habe ich zu Hause schon mal Zeit gehabt für mein Studium? Der Herr des Hauses hat dagesessen und sich bedienen lassen!«

»Ick verdiene schließlich det Jeld!«

»Du verdienst rechts und links 'n paar hinter de Ohren!«

»Halt dir da raus, Vater!«

»Denkste, ick seh ruhig zu, wie Elfi noch mehr Fünfen bringt und durchs Examen fällt?!« Und ick kommandierte: »Schluß mit der Umrubelei, Paule! Du hörst sofort drüben uff und jehst wieder beim EAW Treptow arbeeten … Und von denen läßte dich dann zu eenem Fernstudium dirigieren … und läßt dir von Elfi bei deine Schularbeiten helfen! Basta!«

»Ick laß mir keene Vorschriften machen, Vater! Von dir schon jar nich!«

Dann knallten die Türen, und Martha stand da und hatte in dieser dramatischen Familiensituation nischt anderes im Kopp als Buntmetall: »Willi – wat wird denn nu mit die Sammelei?«

»Laß mir doch mit dem Quatsch zufrieden. Jetzt jeht et um Elfi!« Und wieder knallte 'ne Tür.

Doch Martha blieb bei der Stange, jenauer jesagt, bei ihrer Wetterfahnen-Stange: »Werde ick eben *alleene* mit jutem Beispiel voranjehen!«

Und Martha *ging* nich nur mit gutem Beispiel voran, sie *kletterte*!

Während im Haus der Familienkrach zwischen Paule, Elfi und mir weitertobte und wir weiter de Türen knallen ließen, kletterte Martha durch 'ne Bodenluke uffs Dach und kroch vorsichtig uff alle viere zum Wetterhahn, Zentimeter um Zentimeter ..., det lockende Kupfer im Ooge!

Und unten uff der Straße blieben immer mehr Leute stehen und verrenkten sich de Hälse nach Frau Wirtin, die uff ihrem »Schützenhaus« rumturnte. Nanu?

Zuerst merkte Vater, wat da los war, und schlug Alarm: »Martha sitzt uff'm Dach –!«

Aber da war se schon in de Dachrinne jerutscht, die abjebrochene Fahnenstange siegreich in beide Hände.

Und Vater rannte unten nach seine Feuerleiter: »Ick komme, Martha ..., ick komme!«

Aber Martha dachte weniger an ihre gefährdeten Knochen als an die Buntmetallsammlung. Sie fuchtelte mit dem abjebrochenen Wetterhahn rum und schrie zu die Zuschauer runter: »Helft, helft, Leute ..., helft alle mit ... Buntmetall sammeln!«

So spektakulär war wohl noch keene Sammelaktion jestartet worden! Keene Versammlung des Siedlervereins oder der Nationalen Front mit ihre Referate, Appelle und Resolutionen hätte so eenen Erfolg haben können wie diese improvisierte Einwohnerversammlung vorm »Schützenhaus« mit Martha uff'm Dach! Keene Pressekampagne für »Rumpelmännchen« oder »Specki« hätte det Publikum so bejeistern können wie Marthas dolle Luftakrobatik!

Mit einem Schlage war Buntmetall in aller Munde!

Und 'n paar Wochen später konnte ick unsern

BVG-Direktor mit 'n paar Zentner Buntmetall vom Stuhl hauen!

Nun mußte er wohl oder übel den Startschuß zur Straßenbahnverlängerung geben. Damit hatte een vierzigjähriger Papierkrieg und Streit endlich een sozialistischet Ende jefunden.

Aber unser Familienstreit um Paule jing weiter!

Wie man mit objektive Schwierigkeiten fertig werden kann, det hatte ick ja nu jelernt. Aber mit *subjektive* Schwierigkeiten fertig werden ...? Da kam man sich vor wie een Arbeitskollege vom ollen Sisyphus, der mit diese ewige Lawine aufwärts. Genau so kam ick mit meinem Herrn Sohn ooch nich vorwärts. Im Jegenteil!

Der 1. Mai 1954 war mein erster Erster Mai als Budiker. Und für Budiker is der 1. Mai keen Kampftag der Werktätigen, sondern een Großkampftag der Kneipen!

Jedes Jahr hatte ick als Maurer mit meine Kumpels und Lehrlinge demonstriert! Und nu verlangte Martha von mir, det ick zu Hause bleiben soll und im Lokal helfen!

Aber det war zuviel verlangt! Keene zehn Pferde hätten mir zu Hause halten können. Ick schnappte mir meinen kleenen Enkel, und wir zogen los, jewissermaßen als Anderthalb-Mann-Delegation vom »Schützenhaus«!

Für det Kind war det een Feiertag wie Ostern, Pfingsten und Weihnachten zusammen! Und Peters Begeisterung war grenzenlos. Was es da alles zu bestaunen jab: Die Musike ..., die vielen Fahnen und Transparente ... Und alle mußte ick Peter vorlesen ... Und die vielen Menschen ... Die FDJler in ihre Blauhemden, die immerzu die Hände übern Kopp zusammenschlugen und

»Freundschaft« riefen, det bejeisterte den Kleenen am meisten … Und nu schlug er ooch nur noch vor Bejeisterung die Hände übern Kopp zusammen, ooch über meinen Kopp, denn ick hatte meinen Enkel huckepack nehmen müssen, damit er den Überblick behielt.

Aber mitten uff'm Marx-Engels-Platz, jewissermaßen uff dem Höhepunkt der Bejeisterung, druckste Peter plötzlich: »Opa – ick muß mal!« Det fehlte jrade noch.

»Mach keene Sachen, Junge …, wir können uns doch hier jetzt nich seitwärts in de Büsche schlagen. Wir sind bei der Tribüne …, jetzt wird winke winke jemacht und nischt anderet!« Und ick fühlte es schon richtig feucht werden in meinem Nacken. Aber es war nur der Angstschweiß.

»Reiß dir zusammen, Junge! Wat sollen denn die janzen Onkels von der Rejierung von dir denken? Kiek mal, da steht der Onkel Pieck …, det is unser Präsident!«

»Ick mach mir in de Hosen!« war allet, wat Peter dazu zu sagen hatte. Na ja, Ehrfurcht war det jedenfalls nich. Ick drängelte mir also im Schweinsjalopp durch die winkenden Massen, mit die drohende Jefahr im Nacken …, und erreichte mit Müh und Not det rettende Örtchen, direkt am jrünen Strand der Spree.

Da waren zwei »öffentliche Bedürfnisanstalten« uff Räder. Eene für »Männer« und eene für »Frauen«. Und vor beiden standen se natürlich Schlange, die längere bei den Männern. Ick wollte mir vordrängeln, aber die Kollegen hatten ooch alle 'ne volle Blase.

»Immer der Reihe nach, Kollege!«

»Der Junge hat die Hosen voll!« versuchte ick es trotzdem.

Aber die vollen Blasen hatten keen Mitleid:

»Wenn er schon die Hosen voll hat, denn muß er ja nich mehr, hahaha!«

Einer machte eenen Vorschlag zur Jüte: »Jehn Se mit ihm doch für kleene Mädchen!«

Im selben Moment entdeckte ick Krümel, die sich jrade bei die Damen anstellen wollte.

»He ..., Krümel, warte mal!«

Und ick eilte mit dem jottseidank noch trockenen Peter uff de Schultern rüber zur Damen-Schlange.

»Meesta Dolle??«

»Krümel ..., tu mir die Liebe und nimm meinen Enkel mit rin für kleene Mädchen, sonst passiert wat Fürchterlichet!«

Und ick setzte den Knaben ab. Da verkündete der janz freundlich: »Opa – jetzt muß ick nich mehr!«

Ick schnupperte unwillkürlich zu meinem Enkel runter: »Junge – tu mir det nich an, nich *det* ...!

»Ick hab nich in de Hosen jemacht, Opa! Wer is'n die Tante?«

»Det is Tante Krümel, die lernt uff'm Bau, die will mal Architektöse werden. Sag schön juten Tach, Peter!«

»Guten Tag, Tante Krümel!«

»Guten Tag, Peter.«

Irgendwie war mir die Tuchfühlung mit die müssenden Damen ja peinlich, andererseits aber wollte ick mir unbedingt mit Krümel unterhalten: »Habt ihr mir meine Kündigung sehr krummjenommen?«

»Na ja ..., nich mal verabschiedet haben Se sich von uns!«

»Ick ..., ick war eben zu fürchterlich in Brast ..., und ... denn war's mir ja ooch peinlich. Wat macht'n der Wettbewerb?«

»Wir sind wieder unterm Nullpunkt!«

Und det war ja nu allet andere als Musik in meinen Ohren.

»Wer macht'n jetzt 'n Brigadier?«

»Der Kollege Roß!«

»Wat denn? Unser Kadi?!« Na, det war ja 'n Ding! Aber det konnte dem wirklich nich schaden, wenn er seine Neese mal'n bißken in de Praxis steckte beziehungsweise stecken mußte! Der Kummer über meine Brigade war aber jrößer als die Schadenfreude über den Kollegen Roß. Und ick kriegte mächtiget Heimweh nach meine Baustelle!

Die Begegnung mit Krümel jing mir nich mehr aus'm Kopp. Den janzen Rest vom 1. Mai dachte ick darüber nach, wie ick es anstellen könnte, wieder beim Bau anzufangen und bei Martha uffzuhören! Von Martha war keen Verständnis zu erwarten. Im Jegenteil. Und wir hätten nu *zwei* zerstrittene Ehepaare im »Schützenhaus« jehabt.

An diesem Abend war sowieso nich mit Martha zu reden. Det Lokal war proppenvoll. Aber noch voller waren die Jäste. Die meisten waren ja schon morjens vor der Demonstration tief ins Bier jestiegen, und nu fanden se nich mehr raus!

Ick bin ja nie een Kind von Traurigkeit jewesen, aber so'n Lokal voller voller Jäste, det Jejröle und Jekotze – nee, det war mir denn doch zuville!

Nachdem ick die fünfte Bierleiche an die frische Luft befördert hatte – (als Rausschmeißer vom Dienst!) –, stellte ick mir so vor meinem jeistigen Ooge vor, wie die wohl morjen so uff Arbeit kommen. So, als wären se mit de Fresse aus'm Bett direkt in weißen Käse jefallen ..., wie ausjekotzt. Falls se überhaupt zur Arbeet jehen und den Montag nich blaumachen! Da kam mir die Idee, det man wat jegen weiße Mäuse und blauen Montag unternehmen müßte, um den Alkoholspiegel der

Bevölkerung erfolgreich zu senken. Und ick war wohl der erste Budiker in der Weltjeschichte, der sich über sowat Jedanken machte. Jedenfalls kam ick zu dem Entschluß: Im »Schützenhaus« sollte keenem mehr über den Durscht ausjeschenkt werden! Und plötzlich wußte ick ooch, wie ick mein Problem mit Martha lösen könnte: Mein jeschäftsschädigender Kampf gegen den Alkoholmißbrauch wird Martha sehr schnell dazu bringen, mir die Rückkehr in meinen alten Beruf janz von selber nahezulegen. Ick mußte diesen Kampf nur zäh jenug und unerbittlich führen!

Meinen Anti-Alkohol-Feldzug wollte ick hauptsächlich mit »Sichtwerbung« führen, uff rein wissenschaftlicher Grundlage. So besorgte ick mir denn Abbildungen von Säuferlebern und ähnlichen Scherzen, Schautafeln mit Statistiken, wieviel Tonnen Bier uff den Kopp der Bevölkerung fallen, zum Beispiel ... Und für die Theke hatte ick een schönes Plakat malen lassen: »Der alte Brauch wird hier jebrochen, wer zuviel säuft, riskiert die Knochen!«

Und darüber hing een richtiger Jummiknüppel, wie'n Damoklesschwert!

Und eenes schönen Morjens, als Martha und Minna noch in de Federn lagen, schmückte ick unten die Gaststube mit meine Bilder und Plakate, det se bald aussah wie 'ne Abschreckungskammer im Hygienemuseum!

Von Vaterns Seite hatte ick jottseidank keene vorzeitige Entdeckung zu befürchten. Der hatte nur noch *een* Interesse in diesen Wochen: *Seine* Schienen für *seine* Strecke nach *seinem* »Schützenhaus«!

Und wie er früher mal jede Nacht seine ollen Bleikugeln bewacht hatte, so machte er jetzt 'n freiwilligen Nachtwächter für die BVG. Er bewachte die jestapelten Schienen. Mehr durften es ruhig werden, weniger aber nich! Vater wußte, wie bejehrt dieset Material war.

Als Martha nu in ihre jeliebte Jaststube runterkam und die nich wiedererkannte, standen wir uns beide kampfbereit jegenüber, ick wie 'n Kampfhahn und Martha wie 'ne Kampfhenne. Leider hatten wir keen Publikum.

Zuerst sagte Martha jar nischt, sondern kiekte sich allet jenau an, besonders die Säuferleber, und zuletzt mich: »Soll det 'n verspäteter Aprilscherz sein, Willi?«

Ick konterte liebenswürdig: »Dir brauch et ja nich zu jefallen, Martha – die Jäste sollen 'n bißken über ihre Jesundheit nachdenken, wenn se immer flottweg mit uff ›Jesundheit und Wohlsein‹ anstoßen!«

Nu gackerte meine Kampfhenne aber los: »Denkste, ick laß es zu, det du mir die Jäste vergraulst?!«

»Die brauchen sich die Jacke ja nich anzuziehen, Martha ..., ick sage ja nich, det *jeder* een Säufer is ...!«

»Du hast hier überhaupt nischt zu sagen!«

Det hätte Martha nu nich sagen dürfen. Ick krähte Hohn: »Die Hälfte vom ›Schützenhaus‹ jehört mir ..., hahahaha! Und den Jästen in *meiner* Hälfte kann ick vorsetzen, wat ick will! Mampe halb und halb ..., verstehste?«

Dajegen konnte Martha nu nischt sagen. Deshalb verlegte se sich uffs Jammern: »Willste denn die janze Familie an den Bettelstab bringen?«

In diesem dramatischen Augenblick betrat der Genosse Butt die Gaststube und stolperte ooch prompt über meine Sichtwerbung: »Wat is denn bei *euch* los?«

Für Martha war Butt im richtigen Augenblick erschienen: »Butt ..., Mann Jottes ..., dir schickt der Himmel!«

Worauf ick meinem Freund Hein zuzwinkerte: »Det wär ja janz wat Neuet, det der Himmel eenen Jenossen sendet, wat, Hein?«

Martha erhoffte sich von Butt een Machtwort jegen meine Anti-Alkohol-Kampagne: »Kiek dir det an, is det vielleicht noch 'ne Gaststube?«

Aber Butt nahm die Sache nich janz so tragisch: »Hm ..., mehr ein Aufklärungslokal vom Haus der Gesundheit, würde ick sagen!«

Dieset Stichwort nahm ick sofort beim Wickel: »Jawoll, Hein ..., mit wissenschaftlich fundierter Sichtwerbung die Massen zur Einsicht bringen, det is Sozialismus!«

Wieder verlegte Martha sich uffs Jammern und rang dazu ooch noch die Hände: »Wat is denn schon groß dabei, wenn eener mal über seinen Durscht trinkt? Det liegt doch in der menschlichen Natur!«

»Der Mensch besiegt die Natur ..., warum also nich ooch seine eigene?«

»Denn besieg mal erst deine, du ..., du oller Querkopp!« Und dann gackerte meine olle Henne theatralisch: »Det Zeug kommt mir wieder aus'm Haus!«

»Nur über meine Leiche!« krähte ick zurück.

Da marschierte Martha aus de Gaststube und verkündete: »Dann bleibt det ›Schützenhaus‹ eben solange jeschlossen! Wegen Inventur!« Und zeigte dazu uff meine Ausstellung!

Butt setzte sich nu mit mir an den Familientisch, um mir die Rübe zu waschen, aber nich wegen meine große Initiative kontra den Alkohol: »Der Alkoholismus ist natürlich ein wichtiges Problem, Willi! Aber statt dich mit den Suffköppen anzulegen, solltest du erst mal Ordnung in den Kopf deines Sohnes bringen!«

Es jing also wieder mal um Paule!

»Elfi war bei mir!«

Det war allerdings eene bedenkliche Neuigkeit. Und mir schwante nischt Gutes.

»Elfi ist drauf und dran, das Studium aufzugeben!«

»So kurz vorm Examen? Du hast ihr det hoffentlich ausjeredet, Hein?«

»Dazu bin ich gar nicht jekommen. Elfi hat die ganze Zeit dagesessen und geredet ..., und erst hat sie ihr Taschentuch und dann meins vollgeweint ..., und ich habe ihr nur zugehört. Sie brauchte wohl einfach mal einen Menschen, um sich auszusprechen, Willi ..., einen Menschen, der nicht gleich auf den Tisch haut und rumpoltert und mit väterlichen Machtworten um sich wirft ..., von wegen: Du arbeitest wieder bei uns und fängst ein Fernstudium an ...! Das war ein Fehler, Willi!«

Paule hatte sich nämlich in Westberlin eene Wohnung gesucht und wollte mit Elfi rüberziehen. Und Elfi wußte nich mehr aus und ein. Und *deshalb* hatte sie die beeden Taschentücher volljeheult!

»Der janze Jammer is eben, die beiden *lieben* sich!«

Wir mußten versuchen, unseren verlorenen Sohn wieder zurückzuholen von seinem Holzweg!

Und, da »Jeduld und Spucke« nich mehr ausreichten, mußte man es eben mit »List und Tücke« versuchen. Bei Butt hieß det natürlich »Strategie und Taktik« ... Und ick sollte mir nu in dieser Richtung wat einfallen lassen!

Da kam Vater Gottlieb von seine Schienen-Nachtwache zurück und steuerte sofort uff Butt los. Er war so erregt und wütend, det er jar nich die Jesundheitsdekoration in seiner Gaststube bemerkte: »Da is er ja, der Herr Stadtbezirksrat für Verkehr! Du kommst mir jrade richtig. Da baut ihr nu endlich die Straßenbahn zu uns raus ..., und wat macht ihr? Nur Blödsinn. Nur Schwierigkeiten. Wenn ihr euren Sozialismus ooch so aufbaut, na, denn ›jute Nacht‹!«

»Was is denn passiert, Gottlieb?«

»Du fragst *mir*, wat passiert is?! Biste nich selber uff'm Weg hierher dran vorbeijekommen?«

Aber Butt war nichts Besonderes aufjefallen.

»Schöner Stadtrat für'n Verkehr, der nich sieht, wo wat verkehrt ist!« ereiferte sich Vater immer mehr.

»Aber ... wat is denn nu verkehrt, Vater?«

Da packte Vatern aus: »Die Packen haben se verkehrt abjeladen ..., die Klamotten für'n Unterbau! Jenau uff de falsche Straßenseite. Über sechshundert Tonnen! Und am Montag sollte der Tiefbau mit die Ausschachtungsarbeiten anfangen!«

Butt sah nich jrade bejeistert aus: »Und nun liegen die Steine im Weg?«

Vater schimpfte: »Macht nur weiter so! Habt erst jroß euer Planziel verkündet ..., bis zum 7. Oktober soll die Bahn fertig sein ..., hahahaha! Aber nu wird's ja wohl Weihnachten werden ..., falls nich ooch noch der Klassenfeind Frost dazwischenfunkt ..., hahaha!«

Damit marschierte er wütend zur Tür hinaus, direkt an der Säuferleber vorbei, wie'n oller Jaul mit Scheuklappen, der nur stur jradeaus kieken kann!

Det mit die Packen war allerdings eene üble Panne. Det uff die andere Straßenseite zu räumen, damit hatten die Kollegen vom Tiefbau mindestens 'ne Woche zu tun.

Butt überlegte: »Das bedeutet nicht nur eine Verzögerung, sondern auch höhere Kosten ...! Hm ..., heute ist Freitag ... Wenn man übers Wochenende die Bewohner der Gartenstadt zu einem freiwilligen NAW-Einsatz ..., hm? Ist zwar ein bißchen spät ..., na, vielleicht hilft auch die Nationale Front beim Organisieren!«

Und Butt machte sich uff de Socken: »Auf die Familie Dolle kann ich ja wohl zählen, Willi?«

Damit war er denn wieder raus aus de Jaststube.

Natürlich konnte er mit uns rechnen, Paule ausjenommen. Der hatte noch nie an eenem Arbeitseinsatz teiljenommen, schon jar nich an eenem freiwilligen.

Es galt also wieder mal, die Massen in der Jartenstadt zu mobilisieren für ihre Straßenbahn, wie damals mit'm Buntmetall!

Und um den Leuten nich die Laune zu vermiesen, entfernte ick nu selber meine »Sichtwerbung« aus der Gaststube. Jetzt ging es nich mehr in erster Linie um Schnaps, sondern ums Gemeinwohl ...! Martha frohlockte und dachte, ick hätte klein beijejeben! Aber ick drohte: »Det is nur eene taktische Maßnahme vorüberjehender Natur, Martha!«

Bei der nächsten Jelegenheit knöppte ick mir denn meine ewig verheulte Schwiegertochter vor: »Wat is'n nu mit Paule, Elfi? Ziehste mit ihm rüber?«

Schon hatte Elfi wieder die Oogen voll Wasser: »Wat soll ick denn machen? Sonst jeht er alleene ... und nimmt Peter mit!«

»Det wird ja immer krimineller, det is ja glatte Erpressung! Und dabei soll eener noch det Staatsexamen machen! Paule schreckt wirklich vor nischt zurück!«

Wir durften eben ooch vor nischt zurückschrekken, wir mußten mit gleicher Münze zurückschlagen. Und ick wußte ooch schon, wie. Det Wort »Erpressung« hatte mir uff eine meiner glorreichen Ideen jebracht. Und als ick diese Idee meiner verzagten Schwiegertochter auseinanderposamentierte, war se Feuer und Flamme und ebenfalls bereit, vor nischt zurückzuschrecken!

Als Paule am Sonnabend früh endlich um achte uffwachte, weil keen Wecker jeklingelt hatte, fand er sich alleene im Ehebette und im Zimmer. Von Elfi war weder wat zu sehen noch zu hören.

Paul hopste also mit'm linken Been zuerst aus'm Bette, riß sich den Schlafanzug vom Leibe, schlüpfte in sein Unterhemd und stand dann sprachlos vor eenem leeren Kleiderschrank, det heißt, vor einem halbleeren. Denn Elfis Kleider und Röcke und Blusen hingen ordentlich uff den Bügeln. Paules Bügel aber waren kahl, wie 'ne Weihnachtstanne zu Ostern. Nur an einem Bügel hing eine alte Arbeitshose, jewissermaßen provozierend!

»Elfiiiii!« brüllte Paul und lauschte denn vergebens uff een Echo. Als Paul aus'm Fenster kiekte, sah er uff der Straße seine janze Familie zusammen mit den Arbeitern vom Tiefbau beim Umräumen der Packen. Sojar Minna und Gottlieb waren dabei. Und ooch der kleene Peter. Der machte tüchtig mit und transportierte Kieselsteene in seinem Sandeimerchen.

Atemlos kam Paule zu uns uff de Straße jerannt. In der ollen Arbeitshose: »Elfiii!! Wo sind meine Klamotten?«

Ick zeigte seelenruhig uff die Steinhaufen: »Du suchst Klamotten? Bitte, bedien dir, mein Junge!«

»Laßt den Quatsch, sage ick euch! Ick muß zur Arbeet ..., um zehne bin ick bei'n Personalchef bestellt ..., wegen Zulage! Und ... und mir die Anzüge verstecken, det ..., det is een handfester Scheidungsgrund!«

Aber Elfi blieb erstaunlich ruhig: »Für deinen Personalchef?«

»Zum letzten Mal, Elfi, rück meine Klamotten wieder raus!«

Da zeigte ick wieder auf die Steinhaufen: »Such se dir doch zusammen ...!«

Und Elfi lächelte süß: »Deine Klamotten liegen nämlich unter den Klamotten, Paulchen!«

Und sie zeigte uff eenen Steinhaufen, direkt neben Paule. Und ick flötete: »Such, Fiffi, such ...!«

Aber Paule tippte sich nur verächtlich an' Kopp: »Det könnt ihr mir doch nich erzählen! Wie sollten denn meine Sachen darunter jekommen sein?«

Ick erklärte es ihm: »War 'n Haufen Arbeet, der Haufen. Die janze Nacht haben wir damit jeackert, Elfi und icke ...! Janz zuunterst is der Koffer! Überzeug dir selber, wir haben dir'n Guckloch jelassen!«

Unwillkürlich bückte sich nu Paule zu den Steinen und konnte sich von der Wahrheit meiner Worte durch Augenschein überzeugen. Und dann machte er sich verbissen an die Arbeit, um seinen Koffer freizulegen, und knurrte: »Ihr werdet mir nich von meinem Job abhalten ... Ick laß'n mir von euch nich versauen ... Ick werde pünktlich um zehne beim Chef sein!«

Schon kam een Dumper ran, und die Tiefbauarbeeter fingen die vom blindwütigen Paul geborgenen Steine auf und warfen sie auf den Dumper. Paul aber wühlte in dem Steinhaufen, so besessen wie een hungriger Köter nach eenem ollen Knochen!

Da aber kam Minna ran und mischte sich ein.

Natürlich stand se wieder mal uff Paules Seite: »Laß dir nich ins Bockshorn jagen, Paule ..., komm mit!«

Und sie wollte Paule von den Steinen wegziehen, wobei sie uns beschimpfte: »Wenn Paule nich pünktlich bei sein' Chef kommt, denn schmeißen se ihm raus! Die haben doch drüben jenug, die bloß uff Paules jute Stellung lauern! Komm, Junge, ziehste eben Opas juten Smoking an!«

»Aber ... ick kann doch nich im Smoking ...?«

Doch Minna ließ nich locker: »Sagste eben deinem Boß, du kämst jrade von eener Beerdigung!« Und an unsere Adresse jerichtet: »... Von dem erstklassigen Begräbnis eenes Klamotten-Komplotts ..., hahaha!«

Doch Minna hatte die Rechnung ohne den Wirt Jottlieb Dolle jemacht. Der erklärte kategorisch: »Von mir kriegt Paule nischt anzuziehen!«

Minna starrte ihn ungläubig an: »Willste die Heimtücke hier etwa mitmachen, Jottlieb?«

Gottlieb wollte.

»Ick erkläre mir mit det Klamottenkomplott soldatisch!« Und zum staunenden Paule sagte er: »Wat is schon dabei, wenn du mal 'n Vormittag bei deine Firma blaumachst? Wird höchste Zeit, det du ooch mal wat für unsere Straßenbahn tust! Schlimm jenug, det man dir erst deine Klamotten verstecken mußte!«

Det gab dem armen Grenzwanderer nu eenen entscheidenden Stich! (Ooch du, mein Opa Jottlieb?) Doch mit letzte Kräfte machte sich Paule wieder über de schweren Brocken her: »Mir wird schon 'ne passende Ausrede einfallen für meinen Chef!«

Aber die Stichelei hörte nich auf. Von allen Seiten kam se nu uff den anjeschlagenen Cäsar.

»Ick schreib dir ooch 'n Entschuldigungsbrief,

Paulchen«, kam een zuckersüßer Stich von Elfi. »Und ick leg 'n paar Fotos bei, wie du im kommunistischen NAW freiwillig Klamotten schleppst!« stach ick nu zu und zeigte meinen ollen Fotoapparat vor, jeladen und entsichert. Verbissen wühlte Paule weiter nach seinem Knochen.

Den Rest aber gab ihm denn seine eigene Mutter. Martha hatte den kleenen Peter uff'n Arm und bekannte sich ebenfalls zu unserem Familien-Komplott: »Haste dir wirklich einjebildet, det ick dich mit dem Kleenen abziehen lasse? So schwachsinnig kann eigentlich sonst bloß dein Vater sein!« (Und det jing natürlich uff meine Sichtwerbung!)

Und dann kam ooch noch pünktlich unser Ober-Komplize Butt in seinem Dienstauto anjefahren, begrüßte Paul, als wär er Hennecke, drückte ihm offiziell seine Glückwünsche aus zu seinem ersten Subbotnik und verkündete dann inoffiziell, daß der verlorene Sohn sofort wieder in seinem alten Betrieb anfangen könnte, es wäre schon alles geregelt!

Und ick knipste allet uff Deubel komm raus: »Bitte recht freundlich!«

Da machte Paule endlich die jewünschte freundliche Miene zu unserem Spiel, weil ihm ja ooch jar nischt anderet übrigblieb: »Also jut – ick passe! Du hast jewonnen, Elfi!«

»Paule, is det dein Ernst?« jubilierte unsere Studentin und rankte sich an seine Brust.

Und Paule sprach: »Von mir aus kannste sojar Professor werden ..., aber ..., hahaha ..., der Klügere bin *ick*, ick jebe nach!«

Nachdem nu mit Paule allet wieder im Lot war, setzte ick meiner Martha wieder meine Kontra-Promille-Sichtwerbung uff de Brust, wie 'ne Pistole. Natürlich hatte ick nu ooch meinen Vater jegen mich, obwohl der mir ja rein juristisch nich mehr an' Wagen konnte. Aber in der Praxis versuchte er's natürlich. Ick hängte meine Abschrekkungsbildergalerie uff, Martha und Vatern nahmen se wieder runter. Det jing so 'ne janze Weile. Dann verzichtete ick uff die Sichtwerbung, setzte mich an unseren Familienstammtisch mit 'm Fotoapparat und Blitzlicht … Und jeder Gast, der über seinen Durst bestellen wollte, wurde prompt jeknipst!

Damit hatte ick endlich Erfolg.

Martha legte mir eindringlich nahe, doch wieder zu meine Maurer zurückzujehen und *denen* det Bier abzujewöhnen. Bitte, bitte!

Da war ick nu ooch mit dem »Schützenhaus« wieder im Lot!

Ick wurde von Krümel, Atze, Hotte und Siegmar in Ehren aufjenommen, und Kollege Roß durfte sich woanders bewähren. Die Jugendfreunde klotzten nu so ran, det unser Wettbewerbsthermometer langsam, aber sicher wieder übern Nullpunkt kletterte, dem Sieg entgegen!

Und Elfi bestand ihr Examen mit Ach, aber ohne Krach!

So lief nu allet wieder im richtigen Gleis und zuletzt ooch die Straßenbahn.

Pünktlich zum 5. Jahrestag von Peter und der Republik fuhr se uff eener festlichen Jungfernfahrt zur neuen Endhaltestelle »Schützenhaus«.

Und det Jeburtstagskind Peter Dolle durfte mitfahren, vorne beim Fahrer. Det war der BVG-Direktor höchstpersönlich, der mal als Schaffner anjefangen hatte und sich det festliche Kutschieren nu nich nehmen ließ. Die Waggons waren jerammelt voll, Ehrengäste vom Siedlerverein, der Nationalen Front und 'm Stadtbezirk, mit dem Jenossen Butt an der Spitze. Von außen war die Bahn mit Blumen und Girlanden jeschmückt, wie 'ne Hochzeitsfuhre!

Natürlich war ooch Vater Jottlieb mit von de Partie. Es war der stolzeste Tag seines Lebens, und er fühlte sich janz als Veteran des vierzigjährigen Papierkriegs um die Endhaltestelle »Schützenhaus«! *Er* hatte diesen Krieg anjefangen, 1913, und nu hatten die Dolles det Werk vollendet! Hurra! Und Jottlieb erzählte in seiner Bejeisterung jedem, der es hören wollte oder ooch nich hören wollte, det ja der Sozialismus jar nich so schlimm wäre, wie er aussieht, hahaha! Und zur Feier des Tages hatte Vatern sojar det ND abonniert!

In unserem Saal bereiteten Martha und Minna den kulinarischen Höhepunkt der Feierlichkeiten vor, fast zweihundert belegte Brote und Bockwürschte mit Kartoffelsalat. Und allet mit ohne Marken. Det hatte die BVG ermöglicht.

Als Minna die letzte Portion heißer Würstchen uff'n Tisch jestellt hatte, waren die ersten schon wieder kalt.

Meine Martha aber schwebte im siebenten Himmel der Jastronomen und konnte den Blick jar nich mehr von der unjewöhnlich prächtigen Festtafel lassen: »Ach, Minna – is det nich 'n Anblick? Zweihundert Jedecke uff eenmal ..., det hat unser ollet Schützenhaus seit'm Krieg nich mehr erlebt ... Weiße Tischdecken, Blümchen, Weingläser!«

»Kalte Würstchen!« Minna blieb prosaisch.

Aber Martha schwelgte weiter: »Wie in eenem janz noblen Restaurant ...!«

Wieder nörgelte Tante Nöle: »Keene Papierservietten ..., keene Zahnstocher ..., janz zu schweigen vom Klopapier!«

»Kommt allet wieder, Minna, kommt allet wieder, wart's nur ab! Jetzt, wo wir endlich die Endhaltestelle vorm Haus haben, jeht's mit dem ›Schützenhaus‹ steil aufwärts ...!« (Und mit de Konkurrenz steil abwärts. Aber det dachte Martha bloß.)

Schon näherte sich die Jungfernfuhre, und unser vorm Haus stationiertes Laubenpieperblasorchester piepte und blies und paukte drufflos. Und die Jungen Pioniere krähten dazu »Bau auf, bau auf, bau auf, bau auf« ... usw., usw.!

Und dann strömte die Festjemeinde in den Saal, jeder zu seinem nicht mehr heißen Würstchen uff ohne Marken!

Schon wollten die hungrigen Jäste nach Messer und Gabel greifen, als der erste Redner erst mal das *Wort* ergriff ... Danach wollten die Jäste wieder zum Besteck jreifen, als der nächste Redner das Wort ergriff. So jing det 'ne Weile hin und her mit die Bestecke und die Worte, und die Würstchen wurden immer kälter.

Ziemlich vernehmlich bemerkte Minna: »Jetzt weeß ick ooch, warum es heute Würstchen jibt: Damit hier jeder seinen Senf zujeben kann!«

Und nun war damit der BVG-Direktor an der Reihe. Wie seine Vorredner ignorierte auch er die kalten Würstchen und fand um so wärmere Worte der Bewunderung und Anerkennung für die Initiative und tatkräftige Mitarbeit der Bevölkerung von Järtnerslust und Umjebung. Und er fand immer neue Worte dafür und immer mehr ... Bloß een Ende, det fand er nich!

Woraufhin von Tante Nöle wieder zu vernehmen war: »Wenn der nich bald mit seine Rede an die Endhaltestelle kommt, kriegen unsere Würstchen noch Frostbeulen!«

Irgendwie mußte der Direktor det uffjeschnappt haben, denn er erklärte: »Und nun, liebe Freunde, komme ich zum Schluß meiner kurzen Ausführungen ...«

Und dieser Schluß hatte es in sich, wie 'ne Kiste Knallfrösche inklusive Lunte.

»... Ohne die großartige Buntmetallsammlung der Gartenstadtbewohner hätten wir heute die neue Endhaltestelle nicht auf den Geburtstagstisch der Republik legen können ...«, und dann kam's: »Diese Sammlung war nun so ergiebig, daß wir uns entschlossen haben, die Straßenbahnlinie um weitere drei Stationen weiterzuführen ...!« Jenau bis vorn »Pankjrafen«, HOG! Gottseidank brach nu een frenetischer Beifall aus, in dem Marthas, Minnas und Gottliebs Entsetzen unterging.

»Drei Stationen? Det jeht zu weit!« hauchte Minna.

»Wenn ick jewußt hätte, det ick hinterher die Dumme bin ...«, schnappte Martha empört nach Luft. Gottlieb aber verließ unter lautem Protest den Saal: »So – und nu bestell ick det ND wieder ab!«

Der Beifall wollte gar keen Ende nehmen. Na ja, die Würstchen waren nu sowieso kalt jeworden. Der Direktor und Butt näherten sich den restlichen Dolles, Martha, Paule, Minna, Elfi, Klein Peter und icke ...

Der Direktor ergriff Marthas Hand und mißdeutete ihre Tränen der Wut: »Meine liebe Frau Dolle ... Freudentränen? Nun ja, das ist zu verstehen ... Sie haben zu diesem schönen Erfolg sozialistischer Gemeinschaftsarbeit beigetragen, Sie und Ihr Gatte ...!« Schon schüttelte er nu meine Hand: »Auch Ihnen meinen ganz persönlichen Dank, Herr Dolle ... Von Anfang an haben Sie mir imponiert ... mit Ihrer Hartnäckigkeit ..., hm ...!« Dann war Paule dran. »Der Herr Sohn, nicht wahr? Ganz der Papa ..., packt mit an, wo es nötig ist, auch ein Aktivist der ersten Schritte ..., ohne Ihren anspornenden Einsatz beim Umsetzen der Packen hätten sich gewiß nicht so viele freiwillige Helfer gefunden. Also, auch Ihnen meinen ganz persönlichen Dank ...!«

Dann wendete er sich an den Stadtbezirksrat Butt (der sich wohlweislich an die Devise »Schweigen is Jold« jehalten hatte): »Tja, Genosse Butt – *das* sind die Menschen, mit denen wir den Sozialismus aufbauen!«

Butt lächelte still in sich hinein: »Tja ..., von denen jibt's noch 'ne ganze Menge!«

Aber der Direktor schüttelte schon die nächsten verdienten Hände.

Butt versuchte nu, det Porzellan wieder zu kitten: »Kopf hoch, Martha – dem Tüchtigen gehört die Welt, auch *ohne* Endhaltestelle! Wie wär's denn nun mit dem Kommissionsvertrag?«

Aber bei HO hörte Martha immer noch rot: »Nee – da wüßte ick wat Besseres!«

»Aber du könntest dann doch ein richtiges Restaurant aufmachen, wie du's dir schon so lange gewünscht hast, Martha?«

»Det schaff ick ooch ohne die HO!« Und dann verkündete sie bissig: »Ick mach hier 'ne Pony-Bar uff! So, det habt ihr nu davon ...!«

Butts Bullenbeißergesicht legte sich in ratlose Falten: »Pony-Bar ...?«

Ick zuckte die Achseln und grinste: »Na ja, im ›Schützenhaus‹ jeht allet, pfui Teufel!«

4.

Trotzköppchen Martha hatte keene schlechte Neese jehabt mit ihre markenfreie »Pony-Bar«. Dolles Roßbief wurde eene Attraktion – und nich nur für unsere Stammjäste. Von Roß war überhaupt nischt zu schmecken, nur von Bief ...!

Damit behauptete Martha sich erfolgreich jegen die Konkurrenz von die HO-Jaststätten »Sportklause« und 'n »Pankjrafen«! Bis 1958!

Da wurde nämlich endlich die Rationierung uffjehoben!

Jahrelang hatten wir Marken jeschnippelt und bis spät in die Nacht uff die Listen jeklebt: Fett, Fleisch, Nährmittel ... Und uff eenmal war det nu vorbei. Keener von uns weinte dem Markenleben eene Träne nach. Und schon jar nich dem ewigen Pferdefleesch. Nur Minna. Denn die hatte sich in den letzten vier Jahren zur Pferdefleisch-Spezialistin qualifiziert und oft jenug det Lob der Jäste einjeheimst.

Aber jetzt sollte ooch für Minna in der Küche eene neue Zeit anbrechen, denn ihre Chefin, Martha Dolle, hatte da so jewisse Pläne, und Gottlieb war mit von der Partie.

Eines Ruhetags-Abends, als Minna zum Fernsehen in de jute Stube ruffkam, lauerten schon Martha und Jottlieb uff sie vor der ausjeschalteten Fernsehtruhe »Carmen«, die wir nich zuletzt dem Pferdefleesch verdankten.

»Warum wird denn nich jekiekt?« wunderte sich det Küchenwunder Minna und wollte den Apparat einschalten. Aber Martha drückte se uff eenen Stuhl und sagte: »Wir haben wat Wichtiges zu bereden!«

Ahnungsvoll musterte Minna ihre Schwiegertante: »Du siehst schon den janzen Tach so aus wie 'ne Glucke uff'm Ei, Martha ..., haste wat ausjebrütet?«

Und Minna hoffte irgendwie, det et sich nur um een Wind-Ei handeln würde. Doch sie hoffte verjebens.

»Det ›Schützenhaus‹ braucht eenen Küchenchef!«

Minna schnappte empört nach Luft: »Bin ick dir nich mehr jut jenug?«

Martha blieb janz ruhig: »Sieh mal, Minna, für unsere Pony-Bar haste jenügt. Jeden Tag immer nur zwee Rezepte, Roßbief und Buletten! Det konnteste schon im Schlaf. Aber nu sind die mageren Jahre vorüber, und die Jäule können uffatmen. Wir müssen unseren Jästen nu eene Speisekarte offerieren, det se Kulleroogen kriegen!«

Und Jottlieb nickte: »Wie in den juten alten Zeiten! Jawoll, Minna, ick hab hier immer richtige Köche jehabt, sojar mal eenen echten französischen ... aus de ›Neue Welt‹ ... in der Hasenheide ...!«

»Du mit deine juten alten Zeiten, Mensch ..., die kommen ja doch nie wieder!« Minna jeriet immer mehr in Brast, ballte beide Fäuste unter ihre Küchenschürze und überlegte, mit welcher se uff'n Tisch hauen sollte, entschloß sich aber, Martha erst mal jeistig Kontra zu jeben: »Wenn ihr mir eenen Koch vor de Neese setzt, denn *kündige* ick!«

Und triumphierend schoß sie eenen Blick ins Gesichte ihrer Chefin. Leider war det een Schuß in den Ofen. Denn Martha sagte nur: »Von mir aus!«

Det konnte Minna nur schwer verknusen: »Du ..., du würdest mir jehen lassen? Nach soville Jahre?«

Martha blieb uff ihrem gleichjültigen Ton: »Die Hälfte von die vielen Jahre haste krankjemacht. Uff meine Kosten!«

Minna maulte beleidigt: »Sechs Wochen Krankheit im Jahr stehen mir zu!«

Wieder mischte sich Jottlieb ein: »Dir hat doch nie wat jefehlt, Minna!«

»So ...? Und mein Spontiklos mang de Wirbeln? Is det vielleicht nischt?!«

Und demonstrativ krümmte sich Minna zusammen, als hätte se plötzlich eenen Hexenschuß erwischt: »Aua ..., det habt ihr nu davon!«

Martha ließ sich auch jetzt nich rühren. Ironisch meinte sie: »Eenen halben Krüppel kann ick als Küchenchef schon jar nich jebrauchen!«

Det war nu tatsächlich een Zahn zuville für die anjeschlagene Minna. Plötzlich heulte se los, nich wie een Schloßhund, sondern so janz leise, mehr nach innen ..., so wie manchmal bei 'ner Beerdigung, wenn eenem erst so richtig klar wird, det er nu alleene bleiben soll ...!

Und det Heulen kam Martha und Gottlieb nu richtig unheimlich vor. Det hatten se nich jewollt.

»Mensch, Minna ..., Martha hat det doch nich so jemeint!« stotterte Jottlieb und versuchte, Minna zu beruhigen. »Du mußt doch aber einsehen, det hier eene Fachkraft her muß! Du bist keen Krüppel ..., aber richtig jewachsen biste ooch nich ..., ick meine, den Anforderungen ...! Wenn beispielsweise een Jast Schnitzel á la Schleswig-Holstein bestellt, denn kannste doch nich jehen und 'n Atlas wälzen ..., det mußte allet im Kopp haben!«

Und Martha fügte begütigend hinzu: »Keener läßt sich jerne eenen vor de Neese setzen, Minna! Aber Koch is nu mal een richtiger Beruf, der jelernt werden will!«

Da schluchzte Minna hoffnungsvoll, fast bittend: »Es jibt doch ... Kochkurse?«

Und staunend lauschten nu Martha und Jottlieb Minnas Jelöbnis. »Ick jeh uff'n Kursus ... Ick studiere Koch ... Ick will allen Anforderungen jerecht werden ... und ... und ooch nie mehr krankmachen, det versprech ick dir, Martha! Aber – laßt mir in de Küche bleiben, ick fleh euch an ...!«

Minna hielt Wort, verbannte den Spontiklos aus ihrem wachsenden Bewußtsein und warf sich uff die Kochbücher, als ob et um een Staatsexamen jinge.

Und een Jahr später sollte se denn Gelegenheit haben, ihr Meisterstück zu liefern.

Det war im August 1959!

Und Minnas Meisterstück sollte det Hochzeitsmenü für den Jenossen Butt sein ...

Butt war inzwischen Bürgermeister von unserem Stadtbezirk jeworden und gleich der Kollegin Sachbearbeiterin für det Personenstandswesen anjenehm aufjefallen. Butt hatte eigentlich nie ans Heiraten jedacht und war immer froh jewesen, det er abends *alleene* ins Bette fallen konnte. Aber die resolute Käthe brachte ihm bei, wie man in diesem delikaten Punkt jewisse Reserven mobilisieren kann. Mit ihre 45 war se nämlich noch sehr schnukkelig. Zweimal hatte se schon den Falschen jeheiratet, und Hein Butt sollte nu der lachende dritte werden.

Aus alter Anhänglichkeit zur Familie Dolle hatte Butt druff bestanden, det sein Hochzeitsessen nich im Ratskeller, sondern im »Schützenhaus« stattfinden sollte.

Für meine geschäftstüchtige Martha bedeutete dieses Ereignis nich nur eine große Ehre, sondern eene noch größere Reklame. Und sie setzte ihren janzen Ehrgeiz daran, det Hochzeitsessen zu eener lukullischen Sensation werden zu lassen. Mit Hilfe der neujebackenen Küchenmeisterin Minna!

In der Küche brutzelte und dampfte es aus allen Töppen und Pfannen. Mein Enkel Peter – jetzt neun Jahre alt – schlug per Hand die falsche Sahne, weil er zur Belohnung den Topp auslecken durfte. Vater Gottlieb hatte schon seinen immergrünen Smoking anjelegt und betätigte sich als

Toppkieker. Martha aber sauste wie een Knallfrosch in der Küche herum und achtete nich weiter uff Minna, die auffallend jeistesabwesend, mit leidender Miene und tränenverschleierten Oogen in eenem Topp rumrührte ... Und keener ahnte, wat für een Rührdrama det noch werden sollte.

Martha ärgerte sich erst mal über Jottlieb: »Nu loof doch hier nich rum und kiek in de Töppe. Wirst dir noch det Chemisette vollkleckern, bevor de am Tisch sitzt!« Dann stolperte se endlich über die rührselige Tante Nöle: »Wat machste denn für een Jesichte, Minna? Is dir die Petersilje verhagelt?«

Minna rührte weiter in ihrem Topp, so jeistesabwesend wie zuvor. Martha zuckte die Achseln und war schon wieder als Knallfrosch unterwegs: »Sicher de Nerven ... Is ja ooch keen Wunder, steht ja ooch wat uff'm Spiel für unser ›Schützenhaus‹, wat, Jottlieb? Det halbe Rathaus haben wir zu Jast! Wenn bloß schon allet vorüber wäre ...! Hoffentlich haben wir Butts Jeschmack jetroffen, Jottlieb. Erster Jang russische Fischsuppe à la Soljanka ...!«

Gottlieb nickte: »Russisch is immer jut!«

Martha rekapitulierte weiter ihr Menü: »Hühner-Vollovang ...!«

»Wat?«

»Pasteten, Mensch! Dann Böff Strohganoff, wieder russisch ..., dann Selleriesalat ..., hausjemacht ...«

Det wollte Jottlieb nu weniger jefallen. Zur Hochzeit Selleriesalat?

»Nee, Martha ... Butt könnte det mit seine Fünfzig in den falschen Hals kriegen.«

»Meinste? Na ja ..., servieren wir also gleich det Dessert. Karamelspeise mit falsche Schlagsahne ...«

Det war een Stichwort für den naschhaften Peter. Er schleppte seinen Sahnetopp an und maulte enttäuscht: »Oma, mit die Sahne is wat ...!«

»Will se nich dicke werden?«

»Doch ..., aber nich *süß*!«

Schon hatte Ur-Opa Jottlieb eenen Finger in der Sahne und kostete von dem Zeug. Und verzog entsetzt die Miene: »Det kann ja ooch jar nich süß werden ..., is ja total *versalzen*!«

Da rutschte Martha die Hand aus, und Peter fühlte fünf Finger uff seiner zarten Wange. »Aua! Ick war det doch nich ... Großet Pionierehrenwort, Oma!«

Aber für eenen ordentlichen Gerichtstag war keene Zeit mehr. Jetzt jing et nur noch um die Jerichte zum Menü!

Peter zog beleidigt ab, weil's nu nischt mehr zu naschen gab. Und Martha entschied kurz entschlossen: »Denn reichen wir eben det Dessert ohne ...!«

Schon war se wieder am Herd und kostete von der Fischsuppe. »Minna, da könnte noch 'n winziger Schuß Weißwein ran ...!« Und dann war se schon in de Backröhre, bei de Pasteten.

Minna ließ jehorsam von ihrem Rührtopp ab, jing jeistesabwesend zur Anrichte, wo alle möglichen Flaschen standen, schnappte sich tränenden Auges den Weinessig, jing damit zur Fischsuppe, kippte mindestens eenen halben Liter in den Topp, setzte dann, wie im Tran, die Flasche an ihre Lippen und jenehmigte sich eenen tiefen Schluck ... Und dann tanzte Minna hustend und prustend durch de Küche, wie een weiblicher Derwisch, bis se endlich ächzen konnte: »Det ..., det is ja *Essig* in die Pulle ...?!«

Ahnungsvoll kostete Martha nu von der Fischsuppe. Prädikat: Besonders wertlos!

Als ebenso unjenießbar entpuppte sich nu ooch der Stroganoff-Reis. An den hatte eener Zucker jetan. Und derjenigte welcher, det war unsere studierte Küchenmeisterin Minna persönlich.

»Det schöne Hochzeitsessen!« Eine einzige Katastrophe ...! Und nu enthüllte sich det, wat Vater Jottlieb später immer hinter der Hand »det Jeheimnis der kalten Mamsell« nannte! Een Protokoll von Minnas Vernehmung, unmittelbar am Tatort aufjenommen, hätte unjefähr so ausjesehen:

Martha, drohend: »Minna, haste det etwa mit *Absicht* jemacht?«

Minna, schluchzend: »Laßt mir doch in Ruhe!«

Gottlieb, herausfordernd: »Sowat kann nur Sabotage sein, gegen een Staatsorjan, jawoll!«

Martha, zustimmend: »Sie hat ja Butt nie leiden können!«

Minna, aufheulend: »Det is nich wahr!«

Martha, perplex: »Nanu?«

Gottlieb: »Butt war doch immer een besonders rotes Tuch für dich? Und nu sagste uff eenmal, du konntest den Jenossen *leiden*?«

Minna gesteht unter herzzerreißendem Schluchzen: »Er hat mich doch mal jeküßt!«

»Dich??«

»In eener Nacht ...!«

Aber es waren keene Abjründe, die sich nu auftaten. In der Nacht zum 7. Oktober 1949 hatten wir alle mit Butt Bruderschaft jetrunken ... Na ja, und *den* Kuß hatte ihm Minna eben nie verjessen, die Ärmste!

Martha wollte et nich glauben: »Zehn Jahre haste dir Hoffnung uff Butt jemacht?«

Kleinlaut jestand Minna: »Na ja, ick hab doch immer jedacht, det allet mal anders kommt in de Zone ...!«

Mit'm Herzen war se also beim Jenossen Butt und mit de Ohren beim RIAS jewesen, unsere Minna! Det war wirklich viel zu komisch, um darüber lachen zu können.

Jedenfalls haben wir Minna hoch und heilig schwören müssen, det Butt von ihrem Seelendilemma nie was erfahren sollte. Aber in mein Familienalbum jehört die Jeschichte nu mal rin!

Butts Hochzeitstag hatte aber noch mehr Schicksalsschläge für det »Schützenhaus« in petto, speziell für Martha! Det verkorkste Hochzeitsmenü war jewissermaßen nur een Ordöver! Martha war in ihrer Verzweiflung nahe daran, aus der nahegelegenen Konkurrenz HOG-Sportklause zwanzig Ersatzportionen kommen zu lassen. Die Blamage wäre denn wohl aber doch unter die Leute jekommen.

Minna mußte also neuen Reis aufsetzen. Und statt der Fischsoljanka wurde schnell Bino-Brühe mit Eierstich jezaubert.

So wurde denn det Hochzeitsessen mit etwas Verspätung serviert, wat die Jäste jottseidank jar nich bemerkten, denn mit die Jetränke war ja allet in Ordnung.

Man war in bester Stimmung, besonders Butt und seine schnuckelige Käthe, die heute uff dem Standesamt mal *vor* dem Schalter jesessen hatte und nich dahinter.

Alle Dolles waren vertreten, bis uff meine Schwiegertochter Elfi. Die war wieder mal uff Dienstreise.

Zur Feier des Tages hatte sich unser kleener Peter zweimal den Hals jewaschen, wegen sein funkelnagelneuet Pioniertuch. Det sollte er nämlich seinem Patenonkel Butt feierlich verleihen. Nach'm Essen. Peter hätte es ja lieber der netten Käthe um'n Hals jeschlungen. Kleene Jungs sind nu mal schnell verliebt in nette Tanten, ooch wenn se schon verjeben sind.

»Tante Käthe, stimmt det, det du mal meine Eltern verheiratet hast?«

»Ja, Peter ..., vor zehn Jahren!«

»Wie haste denn det jemacht?«

Käthe Butt lächelte geduldig: »Na, wie man so was eben macht. Erst ein bißchen Musik, dann habe ich eine kleine Rede gehalten ..., und dann habe ich gefragt, ob sie Mann und Frau werden wollen.«

»Und wat haben se jesagt?«

Da mahnte sein Papa Paule koppschüttelnd: »Mensch, Junge, du fragst aber ooch wat zusammen ...«

Ick nahm meinen Enkel in Schutz: »Peter jehört nu mal bei seine Pioniere zur Gruppe ›Junger Forscher‹!«

Käthe antwortete also brav: »Sie haben natürlich ›ja‹ gesagt!«

Der junge Forscher blieb beim Thema: »Und wat machste, wenn mal eener ›nee‹ sagt, Tante Käthe?«

Da kam Butt seiner Gattin zur Hilfe: »Weißt du, Peter, auf dem Standesamt sagt jeder ›ja‹, da ist das nu mal so üblich, so, als wenn die Jungen Pioniere ›Immer bereit!‹ sagen. Viel wichtiger ist, daß es auch dabei bleibt ..., beim ›Ja‹ und eurem ›Immer bereit‹ ...!«

Da seufzte Käthe in Erinnerung an ihre beiden Verflossenen und sagte: »Deine Eltern sind ihrem ›Ja‹ treu geblieben, Peter ... Kannst stolz auf sie sein!«

Aber Peters Stolz hielt sich in Grenzen: »Na ja – det schon, aber ...«

Woraufhin sein Papa sich mokierte: »Haste Beanstandungen?«

Und die hatte der Junge Pionier tatsächlich: »Beide Eltern zusammen krieg ick kaum noch zu sehen. Entweder is Vater uff Montage mit seine Industrie-Automaten, oder Mutter is uff irgendeiner Kulturkonferenz. Im Frühjahr war se in Bitterfeld, im Juni bei die ersten Arbeiterfestspiele in Halle, und jetzt macht se in Moskau uff eener Tagung für kulturelle Massenarbeet mit!«

Da tröstete Paule schuldbewußt seinen Sohn: »Bis Weihnachten steht keene Dienstreise mehr uff unserem Programm!« Und er fügte hinzu: »Großet Pionierehrenwort!«

Nu zwinkerte ick meinem Freund Butt zu und sagte: »Da wir gerade so schön von de Kultur jeredet haben, könnten wir nu zur Tat schreiten, womit ick den Kulturrahmen dieses bescheidenen Hochzeitsessens meine!«

Und ick kloppte vernehmlich an mein Bierglas und verkündete: »Alle mal herhören! Zu Ehren der Hochzeit seines Patenonkels wird mein Enkel nu eene kleene Rezitation zum besten jeben! Na los, mein Junge!«

Peter stellte sich nu in Positur und deklamierte wie an eenem Schnürchen los:

»Geburtstag fei're ich nun bald
am Tag der Republik.
Zehn Jahre sind wir beide alt,
wir wuchsen um ein schönes Stück!
Bei *mir* wuchs vieles von alleine,
nehmt nur, zum Beispiel, meine Beine ...
Das liegt nun mal in der Natur!
Doch der Verstand wächst weiter nur,
wenn man ein guter Schüler bleibt,
stets fleißig lernt und Einsen schreibt,
und auch, wenn man erwachsen ist,
das Weiterlernen nicht vergißt!

Noch, lieber Pate, bin ich klein,
doch das versprech ich dir:
Ich will, wenn ich mal groß bin, sein
wie du: Von neuem stets ein Pionier!«

Und dann knipperte Peter seinem jerührten Patenonkel das Pioniertuch um den Hals. Butt bedankte sich mit einem kräftigen Kuß. Auch die nette Tante Käthe. Und *der* Kuß jefiel dem Jungen Pionier natürlich ville besser. Na ja! Nach dieser kulturellen Erbauung tat man nu wat für die Verdauung. Man fing an, die Tanzbeene zu schlenkern.

Nachdem Butt den obligaten Brauttanz mit seine Käthe absolviert hatte, fiel er total erschöpft uff eenen Stuhl an unserem Familienstammtisch. Und japste grinsend: »Nach dieser hitzigen Brünetten brauch ick dringend 'ne kühle Blonde!«

Und die brachte Gottlieb ihm dann ooch.

Nu wollte Butt wissen, ob det schöne Jedicht uff meinem Mist jewachsen war. Aber da mußte ick ihm enttäuschen:

»Det hat Atze Schmittchen jemacht ..., du weeßt doch, der Hallodri aus meine frühere Brijade. Der is jetzt im Zirkel schreibender Arbeiter ..., und außerdem macht er 'n Redakteur von unsere Betriebszeitung!«

Butt nickte anerkennend: »In eurem Betrieb scheint auf dem kulturellen Sektor allerhand los zu sein?«

»Ick habe *ooch* eenen Zirkel uffjezogen, für Fotografie!« erklärte ick, nich ohne Stolz.

Butt jenoß die zweite kühle Blonde und meinte dann nachdenklich: »Ja ..., in den Betrieben geht's mit der Kulturarbeit voran, besonders seit Bitterfeld. Aber in den Wohngebieten? Da tut sich so jut wie nichts!«

Noch ahnte ick nischt Böset und sagte: »Na ja,

die Leute sitzen eben zu Hause vor ihre Glotzen. Bei uns hier draußen in der Jartenstadt is schon fast uff jedem Dach eene Antenne, sojar uff de Lauben! Es jeht eben vorwärts mit'm Wohlstand!«

Butt grinste bedächtig: »Trotz Fernseher feiern die Kleingartensparten weiter ihre Sommerfeste ... mit Onkel Pelle oder 'm Zauberkünstler ... und 'ner Volkstanzgruppe. Nur so aus Spaß am Vergnügen ...!«

»Det hat doch nischt mit Kultur zu tun ...!«

Butt schwieg und kiekte mir nur an. Und ick wußte, det er jetzt gleich eene Katze aus'm Sack lassen würde, mit der nich zu spaßen war.

»Deine Schwiegertochter leitet im Zentralhaus für Laienkunst das Seminar für kulturelle Massenarbeit! Im ›Schützenhaus‹ habt ihr einen Saal mit einer Bühne, auf der schon zu Wilhelms Zeiten Theater gespielt wurde ..., frag nur deinen Vater. Alle Voraussetzungen sind gegeben, um hier die Bewohner mal zu einem wirklich kulturellen Fest zu aktivieren ..., ohne Onkel Pelle, meine ich. Der zehnte Jahrestag der Republik steht ins Haus, Willi ..., wie wär's mit einem würdigen *Festprogramm* in eurem Saal?«

Ick blieb skeptisch: »Du meinst, die Leute hätten Spaß an so'm Vergnügen?«

Da lachte Butt aus vollem Halse: »Ihr müßt eben wieder mal mit gutem Beispiel voranjehen, ihr Dolles.«

Damit war für Butt det Thema erledigt, und er stürzte sich wieder uff seine hitzige Brünette. Ick globe, »Twist« war damals die jroße Mode.

Ick aber sah nur Zwist uff mich zukommen. Vor allem mit Martha.

Ick weeß nich, wie Hein Butt seine Hochzeitsnacht verbrachte. Ick jedenfalls konnte keene Ruhe finden.

Marthas Hauptnebenverdienst war nämlich die Saalmiete. Und für die nächsten Wochen waren wir voll ausjebucht.

Abjesehen von Tanzverjnügen, hatten sich Kleintiersparten mit Ausstellungen anjesagt: Hunde, Katzen, Karnickel ..., dazu immer 'ne passende Tombola. Da blieb keen Platz für eene Festveranstaltung!

Außerdem war uff Elfi nich zu zählen. Zwee Wochen war se mindestens noch in Moskau. Und dann mußte se mit ihrer Laienspielgruppe im Glühlampenwerk, neben ihrer Arbeit im Zentralhaus, selber een Festprogramm machen!

Nee, uff zehn Hochzeiten konnte Elfi nich tanzen. Nich mal zum zehnten Jahrestag. Sie war noch ausjebuchter wie unser Saal. Elfi hatte ja nich mal Zeit für ihre eigene Familie, jeschweige denn für een laienhaftes Familientheater ...! Da fiel mir ein, wat mein Enkel über seine seltenen Eltern jesagt hatte uff Butts Hochzeit. Und det brachte mich uff die Idee, mich erst mal hinter meinen Sohn Paule zu klemmen, bevor ich mich mit Martha anlegte. Ick brauchte Verbündete! Kurz entschlossen schlich ick in Paules Zimmer und weckte den Strohwitwer, indem ick gleich mit der Türe ins Haus fiel. Vielleicht hatte Paule jrade süß von seiner abwesenden Elfi jeträumt, jedenfalls war er sofort Feuer und Flamme für mein kulturpolitisches Ansinnen. Ihm war wohl jedes Mittel recht, Elfi wieder fest an die ehelichen Pflichten zu ketten, sojar een Festprogramm zum zehnten Jahrestag ...! Und Paule war voller Tatendrang, obwohl er noch nich jefrühstückt hatte. Er riß mir jewissermaßen die Initiative aus der Hand, wie eenen Staffelstab, und sprintete los, bildlich jesprochen.

»Wenn wir hier selber in Kultur machen, muß Elfi mitmachen!«

Für Paule war die Sache klar. Ick versuchte, ihn zu bremsen: »Anjenommen, sie will, aber kann nich? Wat *denn*? Sie hat zuville Verpflichtungen am Halse, Paule?«

Da hatte Paul eenen Jedankenblitz, aus dem sehr bald een heftiges Donnerwetter werden sollte. Paule verkündete nämlich nur det eene Wort: »Pygmalion!«

Irgendwie hatte ick det Jefühl, det Paule in seiner Begeisterung uff eenen Holzweg losjaloppierte, direktemang in eene Sackgasse!

»Meinste etwa dieset Theaterstück?«

Paul meinte es. Und dieses Blumenmädchen, det sich zur Herzogin qualifizieren muß, sollte der Köder für Elfi sein. Det war nämlich mal Elfis Traumrolle jewesen, als se noch uff de Schauspielschule jehen wollte!

»Wir müssen nur sofort mit die Proben anfangen ..., und wenn Elfi denn nach Hause kommt, läßt se jarantiert alles andere stehen und liegen!« meinte mein optimistischer Sohn.

Mir war ja klar, det ick ihn unter Dampf halten mußte, trotzdem versuchte ick, ihn wieder uffn Teppich zu bringen: »Aber so een Stück für'n Republikjeburtstag? Is denn da ooch 'ne Rolle der Arbeiterklasse drinne?«

»Na, hör mal ..., da wird doch een unwissender Mensch zu eener allseitig jebildeten Person qualifiziert, da liegen wir doch jenau richtig!«

Ick versuchte nu eenen letzten Einwand: »Aber wer soll det spielen? Etwa Opa ... oder icke?«

Auch die Besetzungsfrage war für Paule keen Problem. Opa Gottlieb sollte den Müllkutscher

Dulüttel mimen, Martha die Frau Higgins, Minna die Haushälterin, ick den Oberst Pickelhering und Paule den Professor! Ja, Paule kannte sich aus. Er hatte det Stück sojar mal als Film jesehen.

Für Paule war allet schon jelaufen. Seine Elfi würde nu bald Tag und Nacht ans Familientheater jebunden sein. Am liebsten würde er sofort mit den Proben anfangen, noch vorm Frühstück! Ick erinnerte ihn an seine Mutter und seinen Opa. Die mußte er erst noch mit seiner Begeisterung anstekken ...

Und Paule verlor keene Zeit. Schon stürmte er los, im Schlafanzug. Erst mal zu seinem Opa. Und ick schlurfte hinterher.

Gottlieb machte erst een Ooge uff, denn noch eens und dann den Mund, nachdem ihn sein Enkel mit sanfter Jewalt aus Morpheusens Arme jerüttelt hatte. Dann kiekte er mich an und schnupperte argwöhnisch zur Tür nach eener möglichen Feuersbrunst, roch keene und murmelte beruhigt: »Wat wollt ihr?« Dann schloß er wieder Oogen und Mund und legte sich zufrieden zurück. Paule aber saß uff seiner Bettkante und redete wie een Wasserfall uff seinen Opa ein, von wegen Elfi und det Festprogramm und dem Müllkutscher Dulüttel ...!

Und Opa Gottlieb lächelte und nickte ... und nickte noch een paar Mal, bis er wieder janz einjenickt war ...! Für Paule war also Opa Gottlieb für det Unternehmen Pygmalion jewonnen.

Jetzt stand uns Martha bevor. Und Paule war überzeugt, det er bei unserer Mutter nu ooch ein so leichtes Spiel haben würde wie eben bei seinem Großvater.

Da jrade in der Nachbarschaft die ersten Hähne krähten, machte ick eenen diplomatischen Vorschlag, der Martha weich stimmen könnte: »Wie wär's, wenn wir Mutter heute det Frühstück ans Bett bringen? Det wär doch schon die halbe Miete?« Aber mein Sohn wollte keene Zeit verlieren, weil er gerade so schön in Fahrt war.

Doch unser Schlafzimmer war leer. Martha rumorte schon mit Minna in der Küche am Frühstück.

Nu waren wir doch jezwungen, eenen jünstigen Moment abzupassen, um Martha für Pygmalion zu erwärmen. Und ick konnte nur hoffen, det Paule weiter so in Form blieb. Und det meine Martha heute nich mit'm linken Been aus'm Bette jestiegen war.

Als wir uns dann alle im Eßzimmer am Frühstückstisch versammelten, ermahnte ick noch mal meinen Sohn: »Am besten, wir sprechen mit Mutter erst mal alleene!«

Kaum saßen wir am Tisch, Minna, Martha, Gottlieb, Paule und ick – (Peter durfte heute ausschlafen, nach der Hochzeitsfeier!) –, als mein Vater schläfrig zu Paul und mir rüberlinste und fragte: »Wat war denn heute morgen los mit euch beede? Erst hab ick jedacht, es brennt!«

Det brachte Paul ins Staunen: »Aber ... Opa? Ick hab dir doch allet erklärt?«

»Ick hab keen Wort verstanden, Junge.«

Keen Wunder, denn Gottlieb hatte Ohropax in seine Löffel jehabt!

Na ja, jedenfalls war damit nu det Thema Pygmalion uff de Tapete jebracht, und wir mußten Farbe bekennen.

Und ernteten prompt eisiges Staunen!

Martha schüttelte energisch den Kopp. Ick versuchte, det abzustellen: »Soll Butt ooch 'n Kopp schütteln ... über dich? Biste ihm etwa keene Dankbarkeit schuldig, weil er seine Hochzeit bei *uns* jefeiert hat und nich im Ratskeller, wo se eigentlich hinjehört hätte? Er wünschte sich een Festprogramm! Na und? Warum willste ihm nich den Jefallen tun?«

Aber die schlaue Martha konterte mit falschem Lächeln: »Det hätte ihm eben een bißken früher einfallen sollen, jetzt is der Saal vermietet ..., an die Vogelfreunde ..., jenau zum 6. Oktober!«

Und die Vogelfreunde hatten ihre Ausstellung unter det raffinierte Motto jestellt: Zehn Jahre DDR in der Vogelkunde! Oder so ähnlich.

Für Martha war *det* Kulturprogramm jenug. Schließlich hing ooch der Kulturbund mit drin. Und überhaupt: Zum Theaterspielen hätte se weder Zeit noch Lust!

Da machte mein Sohn Paule wat, det sonst jar nich seine Art war. Er jing in de Luft!

»Een Festprojramm mit lauter Federvieh ..., haha! Chor der Nebelkrähen, Tanz der halbtoten Schwäne, wat? Mensch, Mutter ..., mir jeht's überhaupt nich um Butt und wat der möchte ..., mir jeht's um Elfi! Eene bessere Jelegenheit, sie festzunageln, finden wir sobald nich wieder ... Soll se ihre Kulturarbeit bei *uns* machen, da hat se dann wieder mehr Zeit für den Jungen ... und ... und für mich! Mit Pygmalion als Köder können wir Elfi an Land ziehen!«

Zur allgemeinen Überraschung verkündete Minna: »Ick stimme für Pygmalion!«

Damit hatten wir die Mehrheit, drei jegen zweie!

»Wat soll die Heimtücke, Minna?« knurrte Martha. »Kannst doch nich wollen, det wir uns alle zum Clown machen?«

»Mir jeht's *ooch* um Elfi!«

Und wieder enthüllte sich een Jeheimnis unserer kalten Mamsell: Bis heute hatte es Minna nich verwunden, det aus Elfi keen Filmstar jeworden war, sondern »nur« een kultureller Leitungskader mit Diplom. Noch immer gloobte Minna, det mit Pygmalion könnte nu dem schlummernden Talent die einmalige Gelegenheit verschaffen, doch noch entdeckt zu werden … Wenn schon nich für Hollywood, denn doch wenigstens für Adlershof oder Babelsberg, bei der DEFA …!

»Von mir aus können wir noch heute mit die Proben beginnen!« Minna hatte sojar noch det Textbuch, aus dem se damals immer ihrer hollywoodwütigen Nichte die Rolle des Blumenmädchens abjehört hatte.

Ick machte nu eenen Vorschlag zur Jüte: »Wenigstens erst mal 'ne Leseprobe, Martha …! Wirst sehen, der Appetit kommt nich nur beim Essen, ooch beim Lesen.«

Und Paule ermunterte seinerseits seinen Opa: »Jawoll, Opa …, hör dir die Jeschichte erst mal an, aber mit ohne Ohropax!«

Am Abend versammelte sich die Familie im Wohnzimmer, denn wir hatten »Heute Ruhetag«, nach Butts Hochzeitsfeier. Und det Minna heute keen Fernsehen kieken wollte, bewies den Ernst der Lage.

Nachdem der kleene Peter ins Bette jebracht worden war, zückte Minna endlich det zerfledderte Reclamheft von »Pygmalion«, räusperte sich, und es wurde janz stille im Auditorium. Und Minna legte los!

Wir kamen aus'm Staunen nich mehr raus. So hatten wir unsere Tante Nöle noch nie nölen jehört. Mit eener unjeahnten Vehemenz las sie alle Rollen mit verstellter Stimme vor, und wir wußten nich, ob wir lachen oder weenen sollten …! Mir wurde jedenfalls an diesem Abend immer klarer, det Pygmalion nich uff'n Jeburtstagstisch der Republik jehörte. Aber mir jing's wie dem Zauberlehrling, ick mußte die Jeister, die ick jerufen hatte, machen lassen ...

Nach zwee Stunden war Minna so heiser, det se keen verständlichet Wort mehr über de Lippen brachte.

Martha aber war von dem bis dahin Jehörten so beeindruckt, det se ernsthaft darüber nachdachte, wie man – (um nich vertragsbrüchig zu werden!) – die Ornithologen und det Blumenmädel unter eenen Hut bringen könnte.

Und sie dachte ziemlich laut darüber nach: Dieser Professor Higgins könnte doch nebenbei Ornithologe sein, mit lauter lebendige und ausjestoppte Exponate in seine Wohnung. Und im Salon seiner Mama, der Lady Higgins, könnte man die teuren Exoten in die vornehme Dekoration stellen ... und im Text zusätzlich 'n bißken wat über Vogelkunde einfügen, damit ooch die Wissenschaft zu Wort käme! Kurz – Martha hatte erste schöpferische Einfälle und erwärmte sich immer mehr für det Projekt. Dabei verjaß se aber nich det Jeschäftliche. Denn für eene Theatervorstellung in ihrem Saal konnte se ja Eintritt nehmen, und wenn alle Dolles persönlich mitmimten, hätte man jarantiert volle Häuser, wie es in Fachkreisen heißt. Nach außen hin arjumentierte Martha so: Mit eener Kulturfunktionärin in der Familie kann man als Laienspieler nich kneifen, da heißt es mitmachen!

Nu sperrte sich nur noch Jottlieb gegen unser Unternehmen. Im Prinzip hatte er nischt jegen eene Theateruffführung, aber ihm jefiel Pygmalion nich.

»Wat soll uns een englischet Stücke in unsere DDR«, argumentierte mein Vater, »... wo es so ville jute deutsche Stücke jibt?«

Det war mir so richtig aus'm Herzen jesprochen.

Und spontan nickte ick zustimmend: »Ja ... ›Lohndrücker‹ ... oder ›Jolden fließt der Stahl‹ ...!« Aber Vater schlug »Alt-Heidelberg« vor. Det hätten se schon vor dem ersten Weltkrieg im »Schützenhaus« aufjeführt, einmal sojar vorm Kronprinzen. Und Vater behauptete steif und fest, det der schöne Schlager »Ick hab mein Herz in Heidelberg verloren« dadrinne vorkam!

Nee, also een Stück ooch noch mit Jesang, det wollten Martha und Minna nich. Und Vater mußte sich nu mit dem englischen Berliner Müllkutscher Dulüttel abfinden!

Paule setzte sich an die Schreibmaschine und tippte det Stück ab. Mit sechs Durchschläge! Und Minna hielt ihren Kopp stundenlang über Kamillendämpfe, um ihre lädierten Stimmritzen zu kurieren. Und tagelang kamen ooch nur heiße Dämpfe aus ihrer Kehle retour. Det heißt, keen Ton!

An Proben war unter diesen Umständen nich zu denken. Det war aber nur eene Galgenfrist. Noch eene Woche, denn war Elfi da.

Und wat dann?

Uff keinen Fall Pygmalion. Oder meine Schwiegertochter müßte total bescheuert sein, wat nich anzunehmen war. Wenn se nu aber doch ihre »Traumrolle« spielen wollte ...?

Wer kennt sich schon mit det weibliche Innenleben aus? Ick jedenfalls nich. Und mir wurde immer unwohler bei der janzen Jeschichte. Ick hatte eene Lawine ins Rollen jebracht. und Lawinen kann man nich einfach uff een anderet Gleis schieben! Bei der nächsten Jelegenheit nahm ick Minna beiseite: »Haste schon mal dran jedacht, det Elfi jar nich mehr entdeckt werden *will*?«

Minna sah mich nur mit jroßen Oogen an und hauchte stockheiser: »Olle Unke!«

Damit meinte se mir! Aber immerhin hatte ick ihr eenen Floh ins Ohr jesetzt, der nu janz schön munter wurde. Mit aller Jewalt wollte se ihre Nichte zu ihrem Glück zwingen. Und wie sich herausstellen sollte, schreckte Minna dabei vor nischt zurück.

Am eifrigsten von uns allen paukte Vater Jottlieb seine Rolle. Als Familienältestem fiel ihm det Lernen ja ooch besonders schwer. Er stand hinter seine jeliebte Theke und büffelte mit wahrem Biereifer den Müllkutscher Dulüttel. Dabei verjaß er manchmal, die Bierhähne zuzudrehen. Und mehr als einmal ermahnten ihn die Jäste lauthals: »Jottlieb, nimm de Neese aus de Littratur, det Bier looft dir ja schon in de Schuhe!«

Keen Wunder also, det janz Järtnerslust schon über Pygmalion munkelte. Und der Kollege Piephahn, unser oberster Laubenpieper und Vorsitzender der Vogelfreunde, spitzte besonders die Ohren, denn schließlich hatte *er* ja den Saal gemietet für die Ornithologen und Züchter. Und nu sollten ooch noch Festspiele stattfinden?

Er wollte schon een klärendes Jespräch mit Martha vereinbaren, als ihn Minna aufsuchte, jewissermaßen mit'm Finger uff de Lippen.

Piephahn war een alter Jungjeselle, der sich sein Leben lang nur mit Vögeln beschäftigt hatte und selber wie een Huhn kiekte. Er züchtete Zebrafinken und Rosellas und besaß einen schon etwas betagten Papagei, der von allen Requisiteuren der Berliner Bühnen, Film- und Fernsehstudios gern engagiert wurde. Er hatte nämlich den Vorzug, det er nur quatschte, wenn er jefragt wurde. Allerdings waren seine Antworten dann alles andere als salonfähig, jedenfalls die meisten! Kurz: Piephahn ging bei Theater und Film ein und aus, wat man »Beziehungen« nennt. Und darauf hatte es Minna abjesehen: Piephahn sollte det Fernsehen uff Pygmalion ansetzen!

Da Minna immer noch nur flüstern konnte, gloobte Piephahn erst, se wollte bei ihm fernsehen, weil bei Dolles der Apparat kaputt wäre ..., aber dann jab die heisere Minna es ihm schriftlich: Det Fernsehen soll Pygmalion übertragen, als Beitrag zum Geburtstag der Republik!

Piephahn fühlte sich jeschmeichelt: »Na ja – arrangieren ließe sich det schon, aber ...«

Aber wat sollte aus seine Ausstellung werden, immerhin wäre die ooch auf den Jahrestag orientiert?

Als Minna ihm aber nu flüsterte, wie Martha det allet unter eenen Hut kriegen wollte, ausstattungsmäßig und dramaturgisch, det Stück also ornithologisch uffmöbeln, da sah ooch Piephahn seine Chance. Und versprach, sein Möglichstes zu tun. Denn für det Fernsehen wären alle Beiträge, besonders uff dem kulturellen Sektor, een jefundenes Fressen!

Piephahn ließ also seine »Beziehungen« spielen. Und wir waren jespannt wie uff de Lottozahlen.

Minna sah nu schon ihre Elfi in großen Fernsehrollen uff'm Bildschirm, und Martha sah sich und ihr ollet »Schützenhaus« in *allen* juten Stuben der Republik flimmern, wie det Sandmännchen oder Professor Flimmrich. Und alle stürzten sich nu mit doppeltem Eifer uff ihre Rollen.

Nur ick konnte det Wort Pygmalion nicht mehr hören!

Ick fand, det wir nur kostbare Zeit verloren, denn mit Pygmalion konnten wir weder eenen Blumentopp jewinnen noch eenen Vogel abschießen ... mit die Ornithologen! Nee, een vernünftiges Programm mußte her. Elfi hatte sowat bestimmt uff Lager. Aber se war ja nich da.

Da machte ick mir uff de Socken zur Redaktion unserer Betriebszeitung »Rote Kelle« und erzählte Atze Schmittchen meine Sorgen.

»Mensch, Atze – du hast doch neulich zu Butts Hochzeit so'n schönet Jedicht jemacht ..., war'n voller Erfolg! Jetzt bräuchte ick een janzet Programm, so zum Aufsagen, weeßte?«

Atze grinste: »Die Familie Dolle als Laienspieler? Wer hätte det jedacht ...?«

Besonders Opa Gottlieb und Minna konnte er sich schlecht uff eener Bühne vorstellen, mit Agitprop und sowat. Andererseits hielt er aber ooch nischt von Pygmalion, da war er janz meiner Meinung.

»Klar helf ick Ihnen, Meesta!« sagte er, räumte sein halbes Bücherregal und drückte mir die Bücher an de Brust: »Suchen Se sich wat raus ... Tucholsky, Weinert, Becher, Brecht ...! 'n paar Sachen sind schon anjestrichen!«

Ick sollte nu een Programm zusammenstellen, det keenen von uns Dolles überfordern würde. Und Atze gab mir noch den juten Rat mit uff'n Weg: »Weniger Agitprop, mehr Kabarett, Meesta!«

Noch nie waren Martha und icke mit eenem Buch zu Bette jejangen, jeschweige denn mit eenem halben Bücherladen. Schon wegen der Lichtrechnung! Aber nu brannten beede Nachttischlampen die halbe Nacht. Martha büffelte ihre Rolle als Lady Higgins, bis ihr die Brille von der Neese fiel. Und ick studierte Tucholsky und Jenossen, während Martha schnarchte. Und zum ersten Mal entdeckte ick die Littratur. Im jewissen Sinne entdeckte se ja ooch Martha, wenn ooch nur den ollen Shaw.

Als ick jrade »Mutterns Hände« las, schreckte meine Martha jäh aus'm Schlaf, setzte sich kerzengerade auf und jammerte: »Nie ..., det lern ick nie! Schon in der Schule hatte ick immer een Jedächtnis wie een Sieb ...! Nee, die Küche is mein Revier, nich die Bühne!« Dann nahm se ihren Text und feuerte ihn in de Ecke. Und nu fing se an zu schluchzen, weil se ja doch janz jerne vor de Kamera jekommen wäre ... Aber mit'm Jedächtnis wie'n Sieb ...? Martha konnte einem wirklich leid tun.

Mir kamen ooch die Tränen.

»*Du* brauchst doch nich zu flennen, Willi!« wunderte sich Martha.

»Doch, Martha!« sagte ick ergriffen und reichte ihr »Mutterns Hände«, det heißt, det aufjeschlagene Tucholskybuch: »Hier, lies mal ...«

Und Martha schob sich wieder ihre Brille uf de Neese und las, mit eenem wachsenen Kloß im Hals:

»Hast uns Stulln jeschnitten
und Kaffe jekocht
un de Töppe rübajeschohm –
un jewischt und jenäht
un jemacht und jedreht ...
alles mit deine Hände!

Und ... wozu soll det jut sein, Willi?«

»Lies nur weiter ...!«

Und se las:

»Hast de Milch zujedeckt,
uns Bonbons zujesteckt
un Zeitungen ausjetragen –
hast die Hemden jezählt
und Kartoffeln jeschält ...
alles mit deine Hände!

Hast uns manches Mal
bei jroßen Schkandal
auch'n Katzenkopp jejeben.
Hast uns hochjebracht,
wir waren Stücker acht,
sechse sind noch am Leben ...
Alles mit deine Hände!

Heiß warn se un kalt.
Nu sind se alt.
Nu bist du bald am Ende.
Da stehn wa nu hier,
und denn komm wir bei dir
und streicheln deine Hände.«

Martha schluckte noch 'n paar Mal vor sich hin, und ick langte zu ihr rüber und streichelte ihre Hände und sagte janz stieke: »Jefällt dir, wat? Is doch ooch ville besser wie die jelackten Pfoten von Mama Higgins, oder ...?«

Und Martha nickte: »Und so schön uff berlinisch ...!«

Ick wollte nu Martha so lange schmieden, wie se heiß war, aber uff eenmal kam Minna ins Zimmer, mit'm dicken Wollschal um ihren heiseren Hals, und beschwerte sich: »Also, Martha, so jeht det nich! Ich kann überhaupt nich einschlafen!«

»Sind wir etwa zu laut?«

»Eben nich ..., det is et ja jrade, wat mir stört. Ick kann keen Wort von eurem Jebrabbel verstehen. Immerzu denke ick: Na? Jetzt? Gleich verstehste wat? Aber nischt is. Det zerrt vielleicht an de Nerven ...«

»Vielleicht spendiert dir Jottlieb een bißken Ohropax?« ärgerte ick mir über die Störung. Aber Minna setzte sich wehleidig uff'n Hocker vorm Frisiertisch und schüttelte den Kopp. Und bekiekte sich stumm in die drei Spiegel. Bei der Nachttischbeleuchtung sah se richtig jespenstisch aus, so dreifach ... Und schicksalhaft klangen ihre Worte, wie een dreibeiniges Orakel: »Ohropax kann mir ooch nich mehr helfen.«

Und denn rückte se mit dem wahren Grund ihrer Schlaflosigkeit heraus: »Det Fernsehen will von Pygmalion nischt wissen!«

Selten hatten sich meine Ohren so jefreut wie über diese Worte. Auch Martha lächelte erleichtert: »Ick hätte den Text ooch nie jelernt.«

Damit war die Sache aber noch nich ausjestanden. Minna hatte noch mehr schlechte Nachrichten vom Kollegen Piephahn: Det Fernsehen hatte ihm eene Reportage zujesagt, wenn *er* und seine Jartenfreunde für een jeeignetes Programm sorgen würden.

Jawoll, so jute Beziehungen hatte Piephahn!

Und Piephahn hatte ooch schon konkrete Vorstellungen: Sein Papagei könnte sein janzes Repertoire runterplappern, der Jesangverein würde »Alle Vögel sind schon da« und »Ein Vogel wollte Hochzeit machen« einstudieren, extra für die Ornithologen. Und die freiwillige Feuerwehr sollte Blasmusike machen, und Piephahn selbst wollte mit seiner Hühnerkieke als Vogelhändler Adam aus der gleichnamigen Operette auftreten, beladen mit lauter Käfigen mit Vögeln, die ooch zu koofen wären. Aber davon wußte det Fernehen jottseidank noch nischt!

Damit hatte unsere Stunde jeschlagen. Und die Laienspieltruppe Dolle stieg jeschlossen uff »Nummernprogramm« um. Da konnte sich Elfi nu nich vor drücken, sie mußte der Familie helfen. Und Paule war's zufrieden. Hauptsache, Elfi ackerte im »Schützenhaus« an eenem Kulturprogramm und nich bei de Glühlampe oder sonstwo ...

Ick verteilte Atzes Bücher, damit sich jeder wat Passendes raussuchen konnte. Nur Vater Jottlieb stellte sich quer. Er hatte schon so ville Schweiß in den Müllkutscher Dulüttel investiert, det er nu nich noch mal von vorne anfangen wollte mit's Lernen! So blieb Gottlieb denn als Pygmalion-Rudiment im Programm, mit eenem kurzen Monolog des Müllkutschers.

Martha wollte unbedingt »Mutterns Hände« vortragen. Als Minna das Jedicht jelesen hatte, wollte se es aber ooch haben. Und drohte, sonst überhaupt nich mehr mitspielen zu wollen. Da half mir Atze aus der Klemme. Höchst persönlich kam er zu uns ins »Schützenhaus« und brachte Minna eene »Ballade«, die er ihr anjeblich extra uff'n Leib jedichtet hätte, die »Ballade vom roten Fritz«.

Minna war sehr jeschmeichelt, denn noch nie hatte ihr jemand wat uff ihren Leib jedichtet. Doch argwöhnisch war se ooch: »Det is doch wat mit Poletik?«

Ick sprach nu mit Marx- und Engelszungen: »Wat meinste wohl, wie Butt an de Decke springt, wenn er dir damit im Fernsehen sieht, Minna? Um'n Hals wird er dir fallen ...!«

Det wollte Minna ja nu nich, aber sie dachte an det verkorkste Hochzeitsessen und ihre verkorkste Liebe und war nu bereit, Martha Mutterns Hände zu überlassen.

Und Minna freundete sich mit dem roten Fritz an, Butt zuliebe.

In der Nacht hörten Martha und icke denn Minna nebenan in ihrem Zimmer brabbeln und hielten de Luft an, damit uns keen Wort entjing:

»Ick muß jetzt oft an meine Kindheit
denken,
det war am Wedding uff'm dritten

Hinterhof ...
Nach bißken Sonne konnste dir'n Hals
verrenken ...,
und anner Wand stand imma:
Fritz is doof!

Een Sprichwort heißt: Beschmierte Wände
wärn stets det Werk von Narrenhände!
Und ›Fritz is doof‹, det hatte ick
jeschrieben ...
Ja, ick war närrisch, und ick bin's
jeblieben!
Am Freitag orjelte der Leierkasten
›Freut euch des Lebens‹ ..., Mann,
dann jab's für uns 'n Schwoof!
Wenn wir uns alle denn beim Tanzen
bei de Hände faßten,
stand Fritze immer abseits ...
Fritz war doof!

Der spielte nie – det war's ja eben ...,
der spielte nur mit seinem Leben!
Mit Flugblätter hat der sich
rumjetrieben,
da stand wat jegen Hitlan drin
jeschrieben!
Und eenes Tages wollte Fritz mir küssen,
er nahm sojar mein BDM-Kostüm
in Koof ...
Ick zierte mir, weil Mädchen det
so machen müssen ...,
da jing er Zettel kleben ...
Fritz war doof!

Hätt ick ihm bloß nich zappeln lassen ...
Die Braunen kriegten ihn zu fassen.
So blieb ick leider unjeküßt von Fritzen –

doch blieb ick nich uff meiner Unschuld
sitzen!
Ick wurde Witwe und erst danach
Mutter ...
Det war im Kriege so der Dinge Loof ...
Im Radio blökte Jöbbels: Allet wär
in Butter!
Und Fritz lief zu de Russen ...
Fritz war doof!

Doch als die Bombenteppche pfiffen,
da hab ick endlich Fritz bejriffen!
Bei manchen dauert's eben, bis es
dämmert ...
Wer mit die Roten jeht, is nich behämmert!«

Und dann landete Elfi endlich mit ihrer Delegation in Schönefeld, wo Peter und Paule schon sehnsüchtig lauerten. Paule mit'm großen Asternstrauß und Peter mit eenem Bündel sensationeller Neuigkeiten aus'm »Schützenhaus«. Allerdings hatte ihm sein Vater einjeschärft, det Erzählen ihm zu überlassen.

Elfi freute sich jenauso wie Peter und Paule über det Wiedersehen. Sie war aber ziemlich müde vom langen Flug und sah ooch wirklich wie 'ne lahme Ente aus.

In der S-Bahn packte sie dann ihr Mitbringsel für Peter aus, eene besonders füllige Matrjoschka. Und während Peter nu eene Matrjoschka nach der anderen zu Tage förderte, rückte Paule jenauso Stück für Stück mit die Neuigkeiten raus ..., wobei die allerdings nich immer kleener wurden wie die Püppchen aus Moskau!

Als se denn zu Hause anlangten, war Elfi nich nur informiert, sondern ooch bereit zu jeder Schandtat, wie man so sagt.

Sie kriegte vom Zentralhaus Arbeitsurlaub und widmete sich nu janz unserm Festprogramm zum 10. Jahrestag!

Die Sache kam nu erst richtig in Schwung. Det Fernsehen schickte eenen Redakteur als Kundschafter aus, mit dem Erjebnis, det von der »Aktuellen Kamera« wirklich een Beitrag fürs Programm aus'm »Schützenhaus« jesendet werden sollte!

Elfi erweiterte nun das Festspiel um den Pionierchor, den Männerchor der Gartenfreunde und das Orchester der freiwilligen Feuerwehr. Allerdings sollten die andere Beiträge bringen, als Piephahn vorjeschlagen hatte. Aber Piephahn wollte uff seinen eigenen Auftritt als »Vogelhändler« nich verzichten. Und Atze schlug grinsend eenen neuen Text dazu vor: Schenk keene Rosen dem Pirol ...!

Elfi behielt also den Überblick und sonderte die Spreu vom Weizen. Ville Weizen blieb nich übrig!

Vor allem sorgte sie dafür, det die Piepmatz-Ausstellung uff'm Freijelände stattfand, vorm »Schützenhaus«. Die GST stellte een jeräumiges Zelt zur Verfügung, da konnte det Federvieh nich naß werden.

So nahm det Festprogramm immer mehr Jestalt an. Und dann kam der große Tag der Fernsehreportage. Nu gab's keen Zurück mehr! Inzwischen war Bürgermeister Butt von seiner Hochzeitsreise zurück und hatte gleich soville Arbeit um die müden Ohren, det er jar nich mehr an unser Festprogramm dachte. Ick hätte ihn aber jerne bei die Fernsehfilmerei dabei jehabt.

Telefonisch war er nich zu erreichen – (Der Jeburtstag stand ja kurz bevor, da jab's eben ooch außerhalb der Kultur ville Arbeit!) –, da hinterließ ick für ihn eene Nachricht: »Dolles Festprogramm mit Fernsehen am 30. September, 11 Uhr vormittags im ›Schützenhaus‹!«

Woraufhin Butt alle Termine für diesen Tag über'n Haufen schmiß und jenau im richtigen Oogenblick über die Kabel des Fernsehens in unseren Saal stolperte. Kamera und Ton liefen jrade, weil Elfi, als Leiterin des Janzen, interviewt wurde.

Uff der Bühne zitterte Minna ihrem Auftritt mit der Ballade entgegen, denn die wollten die Fernsehleute unbedingt haben. Als einzigen Ausschnitt des janzen Programms. Und Minna zitterte nu noch heftiger, als se Butt kommen sah. Überraschend mischte sich Butt in det Interview ein, in seiner gewichtigen Eigenschaft als Bezirksbürgermeister. Und der Reporter ließ Kamera und Ton weiterloofen, obwohl für die janze Sendung nur vier Minuten vorjesehen waren. Butt verlor ooch keene Sekunde: »Unser Stadtbezirk braucht dringend ein Kreiskulturhaus ..., und ich glaube, das Objekt und eine geeignete Leiterin hätten wir schon!« Wobei er ermunternd uff die staunende Elfi linste – und dann von Elfi uff die argwöhnisch lauschende Martha. An Marthas Adresse fuhr er dann fort: »Ein Kreiskulturhaus untersteht natürlich dem Rat des Stadtbezirks und läßt sich nicht privat bewirtschaften. Eine gewisse staatliche Beteiligung wäre also erforderlich, liebe Frau Dolle ...«

Da vergaß Martha Kamera und Mikrofon und grollte bissig: »Von Verstaatlichung war nich mal 45 die Rede, als ihr hier mit eure Julaschkanonen anjetanzt kamt ...!«

Da nahm ick Martha sanft beiseite und drehte se vom Mikrofon een bißken weg: »Aber eenem *Pachtvertrag* könnteste doch zustimmen, ollet Mädel? Mehr wird doch nich verlangt! Mußt doch ooch mal an die Zukunft denken, jünger werden wir alle nich ..., und du hättest ooch nich mehr soville Arbeit.«

Butt nickte dazu zustimmend und ermunternd zugleich. Aber Martha zischte bockig: »Meine Selbständigkeit is weder zu verkoofen noch zu verpachten!«

Da sagte ick janz ruhig: »Martha, die Hälfte vom zukünftigen Kulturhaus jehört *mir* ..., und die wird verpachtet!«

»Schneiden!« rief der Reporter. Aber Butt grinste: »Lassen Sie das ruhig übern Sender gehen, Kollege ...!« Und mir kloppte er uff die Schulter: »Wo een Willi is, is immer een Weg ..., sogar auf'n Geburtstagstisch der Republik!«

5.

Im Oktober 1959 avancierte nu Dolles ollet »Schützenhaus« zum »Volkshaus Adolf Glaßbrenner«!

Diese Namensgebung war eene schwere Jeburt. Die seltsamsten Vorschläge kamen da uff die Tapete. Von »Zur blauen Fahne« über »Pandit Nehru« bis zum »Kleenen Trompeter«. Vom »Nante-Treff« kamen wir denn uff den jeistigen Vater, besagten Glaßbrenner. Nante als solcher war ja ooch keene Leitfijur, eher 'ne Verleitfijur. Aber Glaßbrenner war eene Kulturerscheinung ersten Ranges. Der hatte nämlich den Berliner Dialekt in de Littratur einjeführt.

Der Rat des Stadtbezirks ließ unseren ollen Saal und die Nebenräume renovieren, und Elfi übernahm die Leitung der Kultur. Martha leitete de Jastronomie, zusammen mit Minna. Und bei jeder Gelegenheit sagte se voller Stolz: »Meine Jaststätte is klein, aber HO ...!«

Na ja, allet braucht eben seine Zeit!

Im Oktober 1963 fanden Wahlen zur Volkskammer und zur Stadtverordnetenversammlung von Jroß-Berlin statt. Und ick stand uff die Kandidatenliste für die Stadtbezirksverordneten. Die janze Nacht hatte ick nich richtig schlafen können. Erstens, weil Martha nich *eenen* Schnarcher hören ließ, und zweitens, weil ick mir mich als Volksvertreter noch nich so richtig vorstellen konnte.

Ick war noch nich völlig in de Unterhosen, da jratulierte mir schon mein Vater mit eenem Blumenstrauß. Martha staunte: »Wo haste denn die Blumen her, Jottlieb? Vorjestern jab's doch schon nirgends mehr welche …?«

Und jenau deshalb hatte sich Vater schon vor sechse vorm Wahllokal postiert, denn für den ersten Wähler jab's immer eenen Blumenstrauß. Und der erste Wähler hieß Gottlieb Dolle! »Die Blumen heben wir uff«, sagte Gottlieb feierlich, »die werden jetrocknet, jepreßt und einjerahmt!«

Martha bugsierte Jottlieb aus'm Schlafzimmer: »Aber erst stellste die Blumen in 'ne Vase mit Wasser, Vater! Und Kaffewasser kannste ooch schon uffsetzen …, oller Rosenkavalier!«

Jottlieb setzte nich nur Kaffewasser auf, er deckte ooch den Frühstückstisch mit Marthas jeheiligten Sammeltassen aus Meißen und det Familiensilber, zur Feier des Tages! Als plötzlich de Türe uffjing, hätte er fast eene Tasse fallen lassen, weil er dachte, es wäre Martha. Aber es war nur sein Urenkel Peter, an dem nich nur der Schlafanzug verknautscht aussah, sondern ooch de Haare und det Jesicht. »Wat is'n, Peter, warum biste noch nich anjezogen?«

»Die Familie steht Schlange vorm Badezimmer. Tante Minna is druff!«

Gottlieb glaubte zu verstehen: »Aha – und du mußt mal janz dringend, wat?«

»Nee – jar nich!« maulte Peter.

»Du hast doch wat, Junge?«

»Och … Nischt.«

Aber Jottlieb ließ nich locker: »Wegen nischt macht man keen Jesicht wie drei Tage Regenwetter.«

Peter seufzte: »Wenn's nur drei Tage wären … Mir steht 'n Dauerregen bevor!«

»Ick will keenen Wetterbericht von dir hören, sondern wat mit dir los is, Peter?!«

Peter machte nu seinem Herzen Luft: »Ick möchte wissen, wozu mir Oma zum Jeburtstach een Schlagzeug jeschenkt hat, wenn ick nie druff üben darf?!«

»Andere Sorjen haste nich? Die janze Familie steht kopp, weil dein Opa Abjeordneter wird …, und du? Statt ooch koppzustehen, meckerste wejen det dämlich Krachinstrument!«

Aber Peter stellte sich nich ooch uff'n Kopp, sondern uff de Hinterbeene und bockte rum: »Papa is mit de Nerven runter wegen sein Fernstudium …, Mama wegen ihre Kulturarbeet, Oma wegen die Jastronomie …, und nu halst sich Opa *noch* 'ne nebenberufliche Funktion uff, als ob er noch nich jenug zu tun hätte! Jeder will zu Hause seine Ruhe haben. Wie soll ick mir da zum Drummer qualifizieren?«

Die Frage war berechtigt. Wenn Peter nämlich uff seinem Schlagzeug rumdonnerte, wurde sojar de Milch sauer, nich nur de Nachbarn.

Meistens spielte er zu seine Übungen eene Schallplatte, damit er ins richtige Taktjefühl kam. Dann schlug er um sich, als ob er uff'n Wespennest jekloppt hätte!

Dabei war der Junge total unmusikalisch. Wenn er früher als Kind zum Beispiel »O Tannebaum« mitsang, zog uns det nich nur de Schuhe aus …

Aber der Bengel konnte sich ja von seine Oma wünschen, wat er wollte. Er bekam's!

Am Wahltag drückte Opa Jottlieb beede Ohren zu, und Peter durfte nach Herzenslust üben, jedenfalls solange wir nich zu Hause waren. Es dröhnte und kloppte derartig aus'm »Volkshaus Adolf Glaßbrenner«, det säumige Wähler aus der Nachbarschaft im Schweinsjalopp Zuflucht im Wahllokal suchten!

So trug also een Dolle zur hohen Wahlbeteiligung bei.

Im Rathaus hatte ick nu nich nur Sitz und Stimme, sondern ooch meinen alten Freund Butt als Bürjermeister vor de Neese! Die janzen Jahre hatten wir im selben Boot jesessen, und ick hatte feste jerudert, um det jemeinsame Ziel zu erreichen. Aber nu saß ick mit am Steuer und hatte jemeinsam mit Kapitän Butt uff'n Kompaß zu kieken, um den festjelegten Kurs einzuhalten. Und det war schwieriger als nur mitrudern ... Die Hauptaufgabe, die ick nu als mitrudernder Abjeordneter anzusteuern hatte, war een *Waschstützpunkt* für unsere Jartenfreunde in »Järtnerslust«. Und zum 15. Jahrestag unserer Republik sollte det Ding stehen!

Den Waschstützpunkt hatte sich Martha ausjedacht, obwohl se selber im Badezimmer schon über einen eigenen Waschjungen, ooch Boy jenannt, verfügte! Und sie war mächtig stolz, als *ihr* Projekt im Volkswirtschaftsplan aufjenommen wurde! Da wollte ick nu nich zurückstehen und machte eenen Zusatzvorschlag: Zum Waschstützpunkt een *Bade*stützpunkt, mit Wannen und Duschen! Denn über hundert Jartenfreunde waren uff sukzessives Baden anjewiesen: Eene Waschschüssel für oben, eene Waschschüssel für unten, eene für hinten ... usw.! Aber mit zwei oder drei Wannen und Duschen im Waschstützpunkt, det wäre doch für die Leute *een* Abwasch! Leider kamen meine Arjumente für den Volkswirtschaftsplan zu spät.

Aber nich nur der 15. Jahrestag stand uns ins Haus, sondern ooch Peters Jugendweihe, im Frühjahr 1964.

Wahrscheinlich, weil ick amtlicherseits soville Waschwasser und Badewasser im Kopp hatte, kam mir die Idee mit dem Tauchergerät als Jugendweihejeschenk. Schnorchel und Froschbeene!

Martha wollte nischt davon wissen. Sie fand den Tauchsport viel zu jefährlich für'n Jugendweihling. Lieber sollte Peter zu Hause Schlagzeug spielen, als uff de Spree von eenem Dampfer überfahren zu werden. Schließlich schlossen wir eenen Kompromiß: Peter sollte in unserm ollen Löschteich rumplanschen mit seinem Schnorchel und seine Flossen. Da konnte nischt passieren.

Die Jugendweihe fand im Saal unseres »Volkshauses Adolf Glaßbrenner« statt. Elfi hatte für eene besonders kulturvolle Umrahmung jesorgt in Jestalt eines Streicherquartetts von der Komischen Oper. Und die janze Familie war mächtig stolz uff unsern Peter, der in seinem neuen schwarzen Anzug aussah wie aus'm Ei jepellt. Und Peter machte dazu een derartig feierlichet Jesicht, als hätte er mit dem heutigen Tag allen Flausen abjeschworen.

Bürgermeister Butt hielt die Festrede, die von den jroßen Aufgaben für unsere Jugend handelte, und nahm denn den Weihlingen det Jelöbnis ab. Und Peter jelobte mit besonders kräftiger Stimmbruchstimme: »Ja, det jeloben wir!«

Und die kleenen Pioniere tanzten nu mit ihre Blumensträuße an und wurden se ooch – nach einigem Durcheinander – alle los. Und denn verteilte Butt die Dokumente und Bücher dazu. Und Marthas Taschentuch war wie aus'm Wasser jezogen! Oben uff der Bühne drückte Butt seinem jeweihten Patenkind besonders herzlich die Hand und die Erwartung aus, daß Peter sich an »det Jelöbnis« halten möge. Und Peter versprach's: »Is doch Ehrensache, Onkel Hein!«

Unten im Parkett erfüllte mich großväterlicher Stolz, und ick raunte Martha zu: »Ab heute werden wir mit dem Jungen nur noch unsere Freude haben, Martha ..., wirst sehen, det wird 'n echter Dolle!«

Woraufhin Martha schlagartig nüchtern wurde: »Bloß det nich!«

»Na, hör mal ...?«

»Bei eenem Dolle is man doch nie vor Überraschungen sicher!«

Na ja, und die ließen denn ooch nich lange uff sich warten! Erst mal ließ sich allet jut an. Peter setzte sich uff de Hosen, um seine schulischen Leistungen zu verbessern. Ihm stand det Abschlußzeugnis für de achte Klasse bevor. Und besonders in Deutsch wollte er von »jenügend« uff »jut« kommen. Bei ihm haperte es vor allem mit der Interpunktion. So quälte er sich eenes schönen Tages mal wieder mit eenem Aufsatz ab, und jedet Komma war für ihn een Glücksspiel. Dazu benutzte er immer eene Münze: Kopp oder Zahl! Kopp war'n Komma, Zahl war keens! Immerhin war Peter klug jenug, um zu wissen, det man sich nich nur uff det Glück verlassen soll. Deshalb jing er, nachdem er hinter seinen Aufsatz eenen richtigen Punkt jesetzt hatte, zu seine Eltern, um ihn korrigieren zu lassen.

Mutter Elfi hämmerte uff ihrer Schreibmaschine rum. Vater Paule saß am Schreibtisch und stierte mit hervorquellenden Oogen ratlos in die Fachlittratur über ML und Industrieautomaten. Und beiden Elternteilen rauchten die Köppe. Elfi war zur 2. Bitterfelder Konferenz delegiert worden und akkerte an eenem Referat: »Warum jibt es in unseren Laienspielen so wenig zu lachen?« Und det war eene Frage, die jar nich ernst jenug behandelt werden konnte.

Paules Fernstudium dauerte schon drei Jahre, denn er saß im Betrieb uff eener Planstelle, die een Diplom verlangte! Peter sah gleich, det er nich sehr jelegen kam. Stumm stand er mit seinem Aufsatzheft in der Tür und hörte folgenden Dialog zwischen den beiden rauchenden Köppen:

Paule, ziemlich verzweifelt: »Elfi, hilf mir doch mal!«

»Schon wieder? Ich muß mit meinem Referat fertig werden, Paul!«

»Und ick muß morjen zur Konsultation! Nu komm schon, Kleene, bloß noch det eene Mal!«

Elfi ließ sich erweichen.

»Um wat jeht's denn? Kybernetik oder ML-Philosophie?«

»Philosophie!«

»Die Definition der Erkenntnis?« Und Elfi nahm det Lehrbuch zur Hand. Paul seufzte: »Ick hab's schon dreimal jelesen, aber von Erkenntnis keene Spur! Stell mir 'n paar Fragen, Elfi!«

Elfi kiekte ins Buch und fragte: »Welches ist das letzte und entscheidende Kriterium der Erkenntnis?«

Paule riet drufflos: »Die … Wahrheit?«

»Die Praxis!«

»Aber mit die Wahrheit war doch da ooch wat …?«

Und Elfi las vor: »Die Erkenntnis kann keinen endgültigen Abschluß mit der Fixierung einer allumfassenden absoluten Wahrheit finden. Sie kann sich der absoluten Wahrheit nur asymptotisch durch immer neue Erkenntnis relativer Wahrheiten annähern, ohne sie jemals zu erreichen. Die absolute Wahrheit wird in den relativen Wahrheiten und durch sie erkannt ...!«

Paule stöhnte: »Is det nich jrauenhaft?«

Det fand Peter ooch, und er überließ seine Eltern ihren eigenen Schularbeiten.

Von seiner Oma hatte er ooch keene Hilfe zu erwarten. Martha hatte in der Jaststube alle Hände voll zu tun. Außerdem wußte se mit die Kommas und Punkte ooch nich sehr jenau Bescheid.

»Wo is'n Opa?«

»Im Büro ...!«

Seit ick Abjeordneter war, hielt ick jede Woche in unserm Büro Sprechstunde ab. Und wenn keene Klienten kamen, machte ick *ooch* Schularbeiten, weil ick als Lehrausbilder immer een Ende klüger sein mußte wie meine Maurerlehrlinge.

Als Peter mit seinem Aufsatz zu mir rinkam, fraß ick mir jrade durch die »Lehre vom Gleichgewicht der Kräfte«. Und ick war janz froh über die Unterbrechung.

»Mensch, Junge, kommst nu bald uff de Oberschule und kennst dir noch immer nich mit die Kommas aus!«

Na ja, da war ick ja Fachmann. Wat een Komma bedeutet und anrichten kann, davon konnte ick een Lied singen. Und ick wollte meinem Enkel jrade diese Jeschichte zum hundertsten Mal erzählen, als zwei Jartenfreunde zur Sprechstunde rinkamen.

»Verschwinde, Peter! Nach de Sprechstunde bin ick wieder zu sprechen.«

Meine Besucher waren der Jartenfreund Meier, der im Kulturbund für de Schmetterlinge zuständig war, und seine Nachbarin, Kollegin Krummholz, eene mollige Witwe, Mitte der Fuffzig. Sie stand unserer Poststelle vor.

Es jing um det Thema »Wegebau in Järtnerslust«! Und det war een sehr leidiges Thema, eens von die Sorte, det jarantiert immer wieder untern Tisch fällt. Dabei sahen die meisten Fußwege bei uns nach'm Regen immer aus wie die Panke bei Hochwasser. Und manchmal kam man sich sojar so vor wie im Spreewald.

Aber wejen unsern Waschstützpunkt waren keene Mittel mehr drinne für dieset Jahr.

»Det wissen wir ja, Herr Dolle«, sagte Schmetterlingsfreund Meier und grinste listig: »Aber Frau Krummholz hat sich da wat ausjedacht ... Es würden ooch jenug Jartenfreunde mitmachen ...«

Ick grinste freundlich zurück: »Mit freiwilliges Buddeln alleene is nischt jetan. Wir brauchen Material, vor allem Schotter. Und det kostet Jeld. Oder sind Sie anderer Meinung?«

»Nee, det ja nu wieder nich, Herr Dolle! Aber ... jrade wejen die Unkosten haben wir uns nämlich wat ausjedacht, Frau Krummholz und icke.«

Und Frau Krummholz nickte: »Wofür wir allerdings Ihre Hilfe brauchen, Herr Dolle!«

Und Meier erklärte eifrig: »Die Sache is nämlich die: Janz in unserer Nähe entsteht doch een Trümmerberg. Und ob der nu zwei Meter höher oder niedriger wird, det spielt doch jewiß keene Rolle, nich wahr? Und den Kipperfahrern is et doch bestimmt ejal, ob se ihren Schutt uff de Kippe abladen oder in Järtnerslust.«

Und schon hatten se mich uff ihrer Seite, die beeden Jartenfreunde. Und ick trug mein Schäflein bei: »Wir müßten natürlich jenau ausrechnen, wieviel Fuhren wir für unsere Wegebefestigung benötigen, Jartenfreunde, sonst haben wir nachher in Järtnerslust eenen zweiten Trümmerberg über de

Lauben ..., hahahaha!« Und schon jriff ick zum Telefon: »Ick werde mir sofort mal mit'm Tiefbau in Verbindung setzen ...« Doch dann legte ick wieder auf: »Halt, dazu brauch ick ja erst mal een' Wegeplan von eurer Siedlung, Jartenfreunde!«

Aber den hatten se mit. Und nu konnte ick dem Wegeverbesserungsvorschlag unbürokratisch uff'n Weg helfen, als weiteren Beitrag zum Jahrestag. *Unsere* Jartenfreunde hatten jedenfalls *keene* Meise, wie det Sprichwort sonst immer behauptet.

Dafür aber hatte mein Enkel nich nur eene Meise, sondern jewissermaßen eenen ausjewachsenen Albatros im Kopp! Er war inzwischen zu seinem Urjroßvater nach oben in de Wohnstube jejangen, wo jrade een Unterwasserfilm übern Bildschirm blubberte. Und Peter verjaß sofort seine Kommasorgen und hielt de Luft an, als hätten ihm die Haifische die Sauerstoffleitung abjebissen.

Ooch Jottlieb genoß die Unterwasserjagd wie jemand, der selber total wasserscheu is. Janz fasziniert sagte er zu Peter: »Blubbert det bei dir ooch so schön, wenn du tauchst, Peter?«

Peter schüttelte den Kopp: »Ick hab ja noch keen Sauerstoffjerät, bloß'n Schnorchel!«

Gottlieb jrinste: »Na ja, bist ja ooch noch keen richtiger Froschmann, bist ja erst 'ne Kaulquappe!«

Als der Film aus war, stellte Jottlieb det Fernsehjerät ab, denn det folgende Sandmännchen konnte ihm nach die Haifische nischt bieten.

Gemütlich stoppte er sich seine Tabakspfeife und richtete sich uff een Plauderstündchen mit seinem Urenkel ein.

»Tja, Peter, in deinem Alter war ick ooch janz scharf uff den Ozean und seine jeheimnisvollen Tiefen, mit allem, wat da kreucht und fleucht.«

»Uff 'm Meeresgrund fleucht nischt!«
»Noch nie wat von fliegende Fische jehört?«
»Die fliegen nur durch de Luft.«

Gottlieb paffte bedächtig und blieb beim Thema: »Jedenfalls fühlte ick damals nur *een* Bedürfnis: Als Schiffsjunge uff'm Topp sitzen!«

»Uff'm Topp?«

»Mensch, oben im Mastkorb ...! Da wollte ick Ausschau halten nach dem sagenhaften Kapitän Nemo und seinem Unterseeboot ›Nautilus‹ ... Ick hatte eben echtes Seemannsblut in de Adern!«

»Und Seemannsjarn im Koop, wat?« grinste die Kaulquappe Peter.

»Grinse nich, Peter ..., det is 'ne ernste Jeschichte!«

Und Jottlieb spulte nu sein Seemannsjarn weiter ab: »Een Onkel von mir fuhr zur See ... als Steuermann uff eenem Windjammer, so nannte man die jroßen Segelschiffe damals. Aus allen Häfen der Welt schickte er uns Postkarten, weil mein Vater die Marken sammelte. Und mit jeder Postkarte järte in mir det Seemannsblut immer doller! Aber meine Eltern hatten leider janz andere Pläne mit mir, und die hatten nur janz entfernt wat mit die christliche Seefahrt zu tun: Ick sollte nämlich Heringsbändiger werden! Ja, damals konnte man in jedem Grünkramladen ooch Heringe aus'm Faß koofen. Und so'n Laden hatten meine Eltern! Den sollte ick eines Tages mal übernehmen. Und die Heringe wurden mir denn ooch zum Schicksal. Schon allein der Duft von die Heringstonne im Laden erinnerte mir immer mit Macht an den Ozean. Und wenn ick mir über die trübe Salzlake beugte, um eenen Hering für de Kundschaft zu schnappen, wurde ick janz trübsinnig ... Und ick sah mir in meine Fantasie mit Harpunen uff Walfische schießen, hoch oben im Nordmeer. Und manchmal sah ick ooch janz unten mang die Salzheringe den Kapitän Nemo mit seinem Nautilus. Und wenn ick *den* sah, mußte unsere Kundschaft immer so lange uff de Heringe warten, bis mir Vater mit eene jewaltige Ohrfeige aus meine Träume riß. Manchmal kam ick am Tag uff zwanzig Ohrfeigen ...! Da packte ick eines Nachts meine Siebensachen und riß aus. Ick wollte zum Bahnhof und mir 'ne Fahrkarte nach Rostock koofen, det war der nächste Hafen. Und ick war schon an die hundert Meter von unserm Haus weg, da kamen die ersten Katzen hinter mir her.«

»Wieso denn *det*?« erkundigte sich der sehr beeindruckte Peter.

»Ja, det fragte ick mich damals ooch ...!« sagte Jottlieb und stoppte seine Pfeife nach. »Ick lief also weiter, aber immer mehr Katzen hefteten sich an meine Fersen, und langsam kam ick mir vor wie der Rattenfänger von Hameln.«

»Aber ... wat wollten denn die Katzen?«

»Mensch, Peter ..., verkoof *du* mal 'n janzen Tag Salzheringe aus'm Faß. Den Duft wäscht dir keene Kernseife ab!«

Nu mußte Peter aber doch lachen: »Also, Opa ..., wenn *det* keen Seemannsjarn is?«

»Det kann jar keens sein, Junge, weil ick nie een Seemann jewesen bin!«

»Und wat is aus deinem Seemanns*blut* jeworden?«

Jottlieb hüllte sich in besonders dicken blauen Dunst und meinte orakelhaft: »Vielleicht järt det nu in *deine* Adern? Sowat vererbt sich, sowat kommt in de Familie immer wieder hoch ...«

Und damit hatte Jottlieb dem Jungen eenen Wasserfloh ins Ohr jesetzt, der sich zu eener tikkenden Zeitbombe entwickelte.

Kurze Zeit druff hatten wir Pfingsten. Und mit det liebliche Fest war det »Deutschlandtreffen der Jugend« in Berlin verknüppt. Und wir hatten Einquartierung. Een Mädel aus Rostock. Sie hieß Anni Priem und war wirklich een prima Mädel. Det fand ooch unser Peter. Und nich nur, weil ihr Vater Kapitän der Handelsflotte war.

Er wich nich mehr von ihrer Seite und latschte überall mit, bis die Ärmste vor lauter Blasen an de Füße nich mehr weiter konnte. Und det lag nur an die neuen Schuhe, die Mutter Priem ihrer Tochter uff'n Weg nach Berlin mitjejeben hatte. Det brachte nu unsern Peter zu der philosophischen Bemerkung: »Tja, Eltern sind nu mal so. Wat kümmert die schon, wo ihre Kinder der Schuh drückt ...«

»Wo drückt er *dich* denn?«

»Überall!«

Und Peter schüttete ihr nu sein Herz aus: »Mein Opa möchte, det ick ins Baufach jehe. Meine Oma will mir für ihre Jastronomie bejeistern. Vater will mich uff seine Rechner programmieren. Tante Minna sagt, ick soll Koch der Interklasse werden. Na ja, und meine Mutter sieht mich schon als Minister der Kultur! Nur in *einem* Punkt sind sich alle einig: Det ick uff de Oberschule soll und's Abitur machen!«

»Das is doch sehr vernünftig!« meinte det Mädel von der Waterkante.

Aber Peter fand det jar nich: »Nur mein Quadrat-Opa versteht mich!«

»Quadrat-Opa?«

»Na ja, Opa hoch zwei, im Quadrat eben ..., mein Urjroßvater!« Und Peter brachte sein Seemannsblut ins Spiel, det nun durch die Kapitänstochter wieder mächtig ins Jären jeraten war. »Braucht denn een Schiffsjunge det Abitur?«

»Wenn er mal Kapitän werden will, schon.«

»Ick will Taucher werden, so mit'ne Unterwasserkamera, weeßte? In der Agäis … oder in der Karibik mit de Haifische kämpfen!«

Anni lächelte nachsichtig: »Ich weiß nich, ob man sowas auch auf der Seemannsschule in Wustrow lernen kann?«

Peter spitzte die Ohren: »Es gibt 'ne Seemannsschule?«

»Mein Vater hat da auch mal studiert!«

Da wogte det Seemannsblut in Peters Adern wie bei Windstärke zwölf, und er bat inständigst: »Kannste nich mal mit deinem Vater reden, Anni? Ick will uff diese Schule und uff keene andere!«

»Ohne Zustimmung deiner Eltern wird mein Vater nichts tun können«, gab Anni zu bedenken.

»Mit meine Eltern werde ick schon klarkommen!«

»Und wie?«

»Det laß man *meine* Sorge sein.«

Es dauerte ooch jar nich lange, da beehrte uns Peters Klassenlehrerin mit ihrem überraschenden Besuch. Nur Peter war nich überrascht.

Es war an eenem Sonnabendnachmittag, und die Familie war vollzählig versammelt. Keener von uns traute seinen Ohren, als Frau Lembke, die Lehrerin, zur Sache kam: »Peter schwänzt seit ein paar Tagen die Schule!«

Woraufhin Paul die Türe uffriß und nach seinem unjeratenen Sohn brüllte: »Peter!!!«

Die Lehrerin blieb janz ruhig: »Bitte, Herr Dolle, machen Sie dem Jungen keine Szene. Es ist alles halb so schlimm. Man erlebt das immer wieder mit den Schülern der achten Klasse. Und … sie haben fast immer dasselbe Motiv!«

»Ja, Faulheit …!«

»Nein, Herr Dolle – sie wollen in die Produktion, Geld verdienen!«

Elfi wunderte sich: »Aber deshalb brauchen sie doch nicht die Schule zu schwänzen?«

Die Frau Lehrerin belehrte uns nu: »Normalerweise nicht. Aber wenn ihre Eltern andere Pläne mit ihnen haben, dann verfallen sie eben auf solche ›Druckmittel‹!«

Da kiekten sich die Herren Eltern verwundert an. Det Peter Jeld verdienen wollte, det war ihnen neu.

Frau Lembke lächelte wieder: »Hat Peter mal mit Ihnen darüber gesprochen, daß er lieber in eine Lehre möchte?«

Paule zuckte die Achseln: »Nich det ick wüßte? Der Junge spricht ja kaum mit uns, Frau Lembke!«

Da kam Peter rein, mit hochrotem Kopp, und erklärte hitzig: »Is jar nich wahr, Frau Lembke …, ick komm ja jar nich zu Worte …, weil keener Zeit für mich hat …! Ich brauch keene Oberschule, Papa …, ick brauch ’ne Seemannsschule … Aua!«

Peter taumelte zurück und hielt sich die schmerzende Backe, während sich Paule det schmerzende Handjelenk rieb.

Entsetzt rief Elfi: »Paule?! Du hast den Jungen noch nie geschlagen …!«

Peter wendete sich mannhaft zur Tür und sagte unter Tränen artig: »Entschuldigen Sie bitte, Frau Lembke!« Und verließ det Zimmer.

Wütend brüllte Paul ihm nach: »Und morjen jehste wieder zur Schule!«

Wieder lächelte die Lehrerin: »Morgen ist Sonntag, Herr Dolle.«

Elfi grübelte: »Seemannsschule? Wie kommt er denn bloß plötzlich *darauf*?«

Für Paule war die Sache klar: »Da hat ihn die Anni drauf jebracht!«

»Na ja – junge Liebe rastet nich!« gab ick nu meinen philosophischen Senf dazu. Und Elfi versprach der Lehrerin, det sie mit ihrem Sohn in aller Ruhe die Problematik auswerten würde. Ohrfeigen sollte es jedenfalls nich mehr setzen!

An diesem Abend ließ sich Peter nich mehr sehen, wat keenen von uns überraschte. Er hatte sich uff seinem Zimmer einjeschlossen. Ooch zum Abendbrot erschien er nich. Aber ville Appetit hatten wir ooch nich.

Besonders Paule wurde von Reue förmlich jeschüttelt.

Schließlich hielt er es nich mehr aus und jing ruff zu Peter.

Merkwürdigerweise war die Tür jetzt nich mehr verschlossen. Paule knipste det Licht an und stellte fest, det sein Sohn schon unter de Bettdecke lag, und zwar in völliger Gänze. Paule setzte sich uff de Bettkante und erkundigte sich behutsam: »Peter? Schläfste? Brauchst dir nich de Bettdecke übern Kopp zu ziehen, Junge ..., kannst mir ruhig zuhören ... Ick kann ooch nich schlafen, weeßte? Mir tut noch immer de Hand weh ... Ick weeß ooch nich, wie det passieren konnte, det se mir ausjerutscht is ... Du warst aber ooch janz schön kiebig ... Aber ick will dir keene Vorwürfe machen, Peter ..., ick will versuchen, dir wat zu erklären ... Ick war nämlich ooch mal so dußlig und wollte nich wie meine Eltern ..., und ick habe damals meinen Kopp durchjesetzt, jegen die janze Familie ... Und jetzt sitz ick da und muß meinem Ingenieur nachbüffeln ..., und det is eene Strafe ..., wie Nachsitzen, du ...«

Dann gab er der Bettdecke eenen väterlichen

Klaps: »Na … komm …, vertragen wir uns wieder, Peter … Nanu? Wo biste denn?«

Und jetzt merkte Paule erst, det unter der Bettdecke nischt lag, außer eenem beschriebenen Zettel: »Sucht mich nicht. Aus irgendeinem fernen Hafen werde ich Euch schreiben, daß es mir gut geht. Ihr habt es nicht anders gewollt. Peter PS: Keine Sorge, ich werde nur an Bord eines befreundeten Schiffes gehen! Peter PS: Ohrfeigen sind kein Kompaß für die Jugend! Peter PS: Vergeßt bitte nicht, meine Fische zu füttern! Peter«

Diese Nachricht riß die janze Familie aus'm ersten Schlummer wie een Lauffeuer. Und alle fanden sich in Peters Zimmer ein. Wir traten uns jegenseitig uff die nackten Füße und redeten durcheinander: »Er hat seinen Campingbeutel mit …! Und Wäsche …! Und det Sparschwein …! Und seine Taucherausrüstung fehlt ooch …! Wo is Peter denn hin? 'ne Adresse hat er uns nich hinterlassen …! Wir müssen zur Polizei …! Keene Panik!! … Aber wir müssen doch wat unternehmen? … Vermißtenanzeigen werden erst nach vierundzwanzig Stunden aufgenommen …! Vielleicht will er uns nur 'n Schreck einjagen …?«

Und denn schlug Minna vor: »Rufen wir doch mal bei de Weiße Flotte an …?«

»Wieso det?«

»Na, er will doch uff'n Schiff …?«

»Quatsch!«

Jottlieb wurde nu ooch von eenem schlechten Jewissen jepeinigt. Er kratzte sich den Schädel und grunzte: »Sowat kommt von sowat!« An praktischen Ratschlägen hatte er sonst nischt beizusteuern.

Um so mehr aber die anderen. Der praktischchste war: Wir brauchen Annis Adresse!

Aber alle Briefe, die Peter mal aus Rostock bekommen hatte, waren verschwunden. Ooch die Telefonnummer. Aus unserem Telefon-Notiz-Buch war die Seite mit »P« rausjerissen. Wat man Spurenbeseitigung nennt! Nur eins stand für uns fest: Die Spur führte nach Rostock!

Ick hängte mich ans Telefon und rief die Auskunft an. Als sich die nach 'ner halben Stunde meldete, hatten wir 'ne halbe Stunde verloren. Denn in Rostock gab es mehr Priems, als uns lieb sein konnte. Die alle anzurufen und zu fragen, ob se 'ne Tochter namens Anni hätten, wäre zu zeitraubend jeworden. Also rief ick 'n Taxi an, aber zu so später Stunde wollte keener nach Rostock hoch. Es war zum Verzweifeln! Damals hatte Paule noch keen eigenes Auto. Wir waren also von die öffentlichen Verkehrsmittel abhängig. Und die sind in der Nacht ziemlich rar. Een Zug jing ooch nich mehr nach Rostock.

Aber Paule wollte unbedingt seinem Sohn nach. Und der Abstand wurde immer jrößer. Minna schlug vor, übern Katastropheneinsatz 'n Hubschrauber anzufordern.

Da fiel mir Butt ein. Der war nämlich zu eener Ostseewochentagung in Rostock! Vielleicht könnte der per Telefon die richtigen Priems rauskriegen, jewissermaßen vor Ort? Ick klingelte also erst mal Käthe Butt aus'm Bett und erfuhr Butts Hotelnummer in Rostock.

»Was is denn passiert?« wollte Käthe wissen. Aber ick tat so, als wäre die Leitung unterbrochen, und ließ Käthe im unjewissen.

Viel schlimmer war ja, det ick nu ausjerechnet Peters Patenonkel von Dolles pädagogischem Versagen Meldung machen mußte. Für mich war det wie een Telefonjespräch nach Canossa ...! Und schweren Herzens wählte ick die Hotelnummer. Der Nachtportier konnte mir nur melden, det

Butts Zimmerschlüssel noch immer am Haken hing. Und det um zwei Uhr nachts! Na ja, ooch in Rostock sind de Nächte lang ...! Ick hinterließ also unsere Telefonnummer mit der Bitte um dringenden Rückruf wegen eenem familiären Notfall.

Nu blieb uns nischt weiter übrig, als abzuwarten. Jeder in seiner Heia!

Endlich, um fünfe, klingelte det Telefon. Falsch verbunden! Um sechse beschloß Paule, heute blauzumachen. Er war ja ooch faktisch krank! Um halb achte kam endlich doch det Jespräch aus Rostock. Aber es war nich Hein Butt, sondern sein Fahrer, Hotte Hübel.

»Nee, Herr Dolle, Kollege Butt hat bei unseren sowjetischen Freunden übernachtet. Ich hole ihn jetzt ab ..., wir fahren gleich nach Berlin zurück ..., um zwölf hat er die nächste Sitzung ... Gut, ich werd's bestellen!«

Inzwischen war ooch unser Ausreißer in Rostock einjetroffen. Per Anhalter. An eenem Andenken-Kiosk koofte er sich erst mal 'ne jroße Sonnenbrille, um nich erkannt zu werden, von der Polizei ...! Und für Anni koofte er eine Bernsteinkette! Dann fragte er sich nach Annis Adresse durch. Aber bei Priems war keener zu Hause.

Eene Nachbarin machte endlich ihre Türe uff: »Nöh, min Tschung, die Anni is man schon auf'm Tschiff!«

»Auf hoher See?«

»Nöh ..., man nur auf der ›Vorwärts‹ ... im alten Hafen!«

Erleichtert ließ sich Peter den Weg beschreiben und machte sich zum alten Hafen auf. Endlich erblickte Peter mal 'n bißken Seewasser und een richtiges Schiff! Und det machte ihn gleich wieder putzmunter.

Als er mit seinem prallen Jepäck an Bord jumpen wollte, nahm ihn der Offizier vom Dienst in Empfang, een junger Mann mit 'ner Schiffermütze und 'm Rollkragenpullover.

»Ahoi!« grüßte Peter fachmännisch.

»Freundschaft!« erwiderte der junge Seebär und musterte den Kandidaten prüfend: »Willst du bei uns mitmachen?«

Und Peter sah sich schon als Schiffsjunge in der Karibik: »Na klar will ick mitmachen. Jeht denn det so einfach?«

»Wir brauchen nur deine Personalien!«

»Und keene Erlaubnis vons Elternhaus?« erkundigte sich Peter vorsichtig.

Der Wachhabende wunderte sich: »Bist doch organisiert, nich?«

»Ehrensache!«

»Na also, Jugendfreund!«

Und klopfenden Herzens betrat Peter zum ersten Mal die Planken eines Frachtdampfers!

Während nu der Wachhabende Peters Personalien aufnehmen wollte, in seiner Kabine, erkundigte sich Peter: »Wann legen wir ab?«

Da wunderte sich der Wachhabende: »Ablegen?«

»Na ja ..., in See stechen, oder wie man det nennt?«

Da wunderte sich der Wachhabende nich nur, er runzelte die Stirn: »Segg mol, bist du nich ganz dicht, Jugendfreund? Dat is hier die ›Vorwärts‹ ...«

»Eben ... drum ..., wann geht's also vorwärts?«

In diesem Moment erschien Anni Priem, mit Schrubber und Scheuereimer, und war sehr überrascht: »Peter?«

»Du kennst den?« forschte der OvD.

»Ja ..., aus Berlin ..., vom Pfingsttreffen, Knud.«

»Der fragt, wann wir in See stechen?«

Anni lachte: »Sieht ihm ähnlich ...!« Und dann klärte sie den enttäuschten Schiffsjungen auf: »Das is die ›Vorwärts‹, ein Veteran unserer Handelsflotte. Seit 1957 unser Pionierschiff. Wir sind so'ne Art Schulschiff vor Anker!«

»Er will bei uns mitmachen!« sagte Knud mit skeptischem Achselzucken. Und fügte bedeutungsvoll hinzu: »Ab sofort!«

Nu wurde ooch Anni mißtrauisch, ließ es sich aber nich anmerken.

»Und deine Eltern? Und die Schule?«

Da entschloß sich Peter zur Wahrheit, wenn ooch bloß zu eener halben: »Na jut, Anni ..., ick hab jeschwindelt. Ick wollte dich bloß wiedersehen ... bei der Jelegenheit, ick bin jewissermaßen uff Dienstreise.«

Und er spann sein Jarn wie een ausjedienter Seebär: »Da is nämlich wat schiefjeloofen ..., äh ...«

»Zu Hause?«

»Nee ..., in der Schule ..., mit unsere Zeltplätze für die jroßen Ferien ..., tja ..., äh ..., da soll ick mir nu an Ort und Stelle noch mal drum kümmern ...!« Und zum Wachhabenden, treuherzig: »Entschuldigen Sie, Herr Knud ..., war 'n kleener Scherz von mir ... mit det Mitmachen ..., obwohl, ick würde am liebsten bleiben.«

Knud zeigte auf Peters Campingbeutel: »Hast ganz schön viel Gepäck mit für eine kurze Dienstreise, Jugendfreund?«

»Ick hab mein Tauchzeug mit ..., äh ..., ick dachte, wenn ick schon mal an der See bin, machste 'ne kleene Stippvisite uff'n Meeresgrund ..., äh ...«

Knud heuchelte Verständnis und meinte zu Anni: »Zeig doch mal unserem Freund das Schiff, Stewardeß ..., kannst ja nachher weiter klar Schiff machen. Vielleicht kommt er später noch mal drauf zurück?«

Anni führte ihren Freund nun unter Deck. Und Peter hievte seinen Campingbeutel auf die Schulter, wie einen zünftigen Seesack! Sie begannen nu eenen sehr lehrreichen und interessanten Rundgang durch det Lehrschiff. Und der war so interessant und lehrreich, det Peter jar nich mehr an die Bernsteinkette für seine Anni dachte.

Käptn Priem weilte jrade mal wieder uff See. Und Annis Mutter war bei Verwandten uff'm Land.

Peter dachte nur noch an ein Thema: »Sag mal, Anni …, hat dein Vater schon mal 'n blinden Passagier jefunden?«

Anni merkte Lunte und machte een trauriget Jesicht: »Ja …, im Lagerraum. Aber den hatten die Ratten gefressen!«

Det war natürlich jeschwindelt. Aber Peter wurde janz blaß: »Pfui Teufel!«

»Und Ratten gibt es auf *allen* Schiffen!« stieß Anni nach.

Doch Peter ließ sich sein Thema nich vergrämen: »Anjenommen, Anni …, ick wollte als blinder Passagier irgendwo an Bord …? Natürlich rein theoretisch …?«

»In Rostock ist das ganz unmöglich, Peter!«

»Nich für mich!« prahlte Peter. »Ick würde unjesehen uff jedes Schiff kommen!«

»Da müßtest du dich schon unsichtbar machen!«

»Jenau, Anni …, unter Wasser ran mit'm Schnorchel … und im jeeigneten Augenblick ruff aufs Schiff …! Ick hab sowat mal im Fernsehen jesehen!« Und fast triumphierend fügte er hinzu: »Außerdem würde ick mir mit Rattenjift eindecken …, rein theoretisch!«

Dabei jelangten se nu in den Funkraum, ooch Funkkabinett jenannt.

Stolz zeigte Anni auf die Funkanlage: »Hier mach ich mit ..., schon im zweiten Lehrgang! Das is ein 1000-Watt-Sender!«

»Janz schöne Reichweite, wat?« Peter zeigte sich beeindruckt, weil seine Freundin nich nur mit'm Scheuereimer uff dem Schiff zu tun hatte.

Anni berichtete stolz: »Ich hab mich von hier aus schon mit meinem Vater unterhalten ... Er war damals in der Biskaya ...!« Dann grinste sie listig: »Angenommen, Peter, du würdest als blinder Passagier an Bord entdeckt ..., ganz theoretisch, würde sich der Funker mit dem nächsten Schiff, das auf Heimatkurs ist, in Verbindung setzen. Beide Schiffe müssen nun vom Kurs ab, treffen sich auf hoher See, du wirst übergeben ..., dann nehmen beide Schiffe wieder den alten Kurs auf. Dieses Manöver ist nicht nur mit großer Mühe, sondern auch mit großen Kosten verbunden. Dafür würden dann deine Eltern haftbar gemacht, rein theoretisch natürlich.«

Peter war richtig vorn Kopp jeschlagen: »Ick muß schon sagen, uff eurem Schiff lernt man wirklich 'ne janze Menge!«

Anni lächelte: »Rein theoretisch.«

Dann führte sie ihn weiter, ins Fischereikabinett. Da gab es ausjestoppte Fische jeder Größe – und Netze und Korallen und Bernsteine. Und endlich erinnerte sich Peter an sein Souvenir! Hastig kramte er in seinen Taschen rum und reichte dann der staunenden Jugendfreundin die Bernsteinkette: »Hier ..., hab ick dir mitjebracht. Weeßte, Freundschaftsringe find ick albern ...! Bernstein paßt jut zu deine Augen ..., hab ick mir jedenfalls jedacht!«

Vorwurfsvoll freute sich die beglückte Anni:

»Aber Peter …, die hat doch mindestens siebzig Mark gekostet?«

»Geht von de Spesen ab!« grinste Peter großzügig.

»Danke, Peter …!«

Und dann gab sie ihm einen richtigen Kuß. Aber det war nich der erste seit Pfingsten!

Dann aber rannte sie aus dem Kabinett, knallte die Türe zu und schloß von draußen ab. So eene falsche Seeschlange! Eben noch een Kuß …, und nu die Falle zu!

»Anni?! Wat soll der Quatsch?!«

Aber Anni war schon auf Deck, bei Knud in der Kabine. Atemlos rief sie: »Ick möt mol telefonieren … nach Berlin!« Das Schiff hatte nämlich einen Telefonanschluß. Und unsere Nummer hatte Anni im Kopp.

Doch bei uns war dauernd besetzt, denn Butt hatte uns jrade aus Rostock anjerufen, um Bericht zu erstatten. Er hatte seine Abreise verschoben und Priems Telefonnummer herausgefunden. Aber keinen Anschluß bekommen …!

Ick bedankte mich enttäuscht für Butts Hilfe und wünschte ihm ’ne jute Rückreise. Gedankenvoll legte ick den Hörer uff, und die janze Familie glotzte mich erwartungsvoll an. »Na, wat hat Butt jesagt?«

Aber da klingelte wieder det Telefon. Und jetzt war Anni dran. Ick war so freudig überrascht, det ick mir den Hörer ins Ooge knallte: »Anni …, Mensch, Mädel …, is Peter bei euch?«

»Ja, Herr Dolle …, aber er benimmt sich so komisch?«

»Keen Wunder, er is ausjebimst!«

Nu war Anni richtig stolz uff sich, weil sie die richtige Neese jehabt hatte und Peter hinter Schloß und Riegel saß! Wir verblieben nu so, det se Peter so lange uff dem Schiff unter Verschluß halten sollte, bis Paule seinen Sohn persönlich abholen würde!

Und während Elfi nu mit wild pochendem Mutterherzen det Kursbuch studierte – (denn als dauernde Dienstreisende hatte se darin die beste Übung) –, diskutierten wir anderen die Frage, wat nu mit unserem verlorenen Sohn, Enkel und Urenkel werden sollte. Ja, wer von uns eignete sich am besten für die Jardinenpredigt?

»Icke natürlich!« entschied Paule.

Aber ick war anderer Meinung: »Du wirst jefälligst so tun, als wenn jar nischt passiert wäre, janz locker, verstehste?«

Und meine Martha nickte zustimmend: »Willi hat recht! Wir jehen einfach zu eener Tagesordnung über, det heißt: Jeder von uns muß in Zukunft seinen Tag so ordnen, det jenug Zeit für den Jungen übrigbleibt!«

Donnerwetter! Der Satz hätte von mir sein können. Ick war mächtig stolz uff mein altes Mädchen!

Paule reagierte gereizt: »Is doch selbstverständlich, Mutter!«

Da nölte unsere Minna philosophisch: »Ja, hinterher is immer allet selbstverständlich!«

Inzwischen hatte Elfi den nächsten Zug nach Rostock entziffert und rief: »Mit'm Taxi zum Bahnhof kann Paul es schaffen!«

Schon wollte ick den Hörer abnehmen, da klingelte det Telefon. Es war wieder Anni dran: »Herr Dolle? Peter ... Peter ist getürmt! Ja ..., aus'm Bullauge ins Wasser gesprungen ..., sein Gepäck hat er dagelassen ..., ja, nur den Schnorchel und die Flossen hat er mitgenommen ..., was nun?«

Nu war *ick* plötzlich an allem schuld. Weil ick Peter det Tauchzeug jeschenkt hatte. Ohne Sündenbock jeht's eben nich! Dabei war mein Herr Vater jenau so beteiligt – mit seinem anjeblichen Seemannsblut!

Martha jammerte: »Mein Jott …, der Junge in dem Dreckwasser! 'n Dod holen wird er sich … unter Wasser, nur mit'm Schnorchel …! Verschwimmen wird er sich, det is schlimmer wie verloofen …!«

»Ja«, nölte Minna wehleidig. »Wenn er nu untern Dampfer kommt?«

Aber ooch Elfi und Paule, als Erziehungsberechtigte, wußten keenen Rat! Wo wollte Peter hin?

Wieder ließ sich Minna hören: »Ruft de Wasserpolizei an!«

In der Aufregung hatte ick janz verjessen, det Anni noch immer am anderen Ende der Leitung zappelte, wie wir hier am Anfang: «Hallo, Anni …, biste noch dran? Hast du vielleicht 'ne Ahnung, wo Peter hin sein könnte?«

»Leider nicht!«

Ick bedankte mich, legte den Hörer uff und kam mir vor wie der olle Hiob, dem sein lieber Jott immer Knüppel zwischen die Beene schmiß. Und ick hatte det dunkle Jefühl, det der nächste Knüppel schon im Anrollen war.

Eins war uns allen nu klar: Die Vermißtenanzeige war fällig! Schweren Herzens begleitete ick Elfi und Paule zum nächsten Polizeirevier.

Zur selben Zeit hatte Hotte Hübel sein Jasbeen uff'm Pedal fest einschlafen lassen. Und der Dienstwagen, mit Butt uff'm Rücksitz, brauste zügig in Richtung Berlin. Hotte hielt lässig det Lenkrad und blinzelte jegen die Sonne, und plötzlich schob er mit de Hand det einjeschlafene Jasbeen zur Seite: »Chef …, is det da vorne 'ne Vata Morjana? Sieht aus wie 'ne Art Kröte.«

Die Kröte war Peter. Uff'm Kopp die Taucherbrille mit Schnorchel, in den Händen die Flossen, mit denen er eifrig winkte. Sonst war er nur mit eener Badehose und der noch immer feuchten Trainingsjacke bekleidet. Butt ließ halten.

»Fahren Sie nach Berlin?«

»Steig ein!« Und Butt hielt ihm die Tür auf. Erleichtert kletterte Peter zu Butt uff'n Rücksitz und mußte fürchterlich niesen!

»Gesundheit!«

»Mann ..., Onkel Hein ...?!«

Wortlos reichte ihm Butt die Wagendecke: »Wikkel dich ein, du Ausreißer!« Und zum Fahrer sagte Butt: »An der nächsten Poststelle hältste, Hotte ... Peter will mal dringend seine Koordinaten durchgeben.«

Dann schwieg Butt vor sich hin, bis Peter es nich mehr aushielt: »Nu reiß mir doch endlich den Kopp ab, Onkel Hein!«

»Sagtest du Kopf?«

Peter verstand: »Schon jut – an weiche Birnen vergreift man sich nich.«

Wieder schwieg Butt. Dann meinte er kopfschüttelnd: »Einfach abhauen ..., zur Seemannsschule wollen ...! Und nich an de Kaderakte denken! Das is wirklich zu blöd!«

Da mußte Peter wieder niesen!

»Gesundheit!« wiederholte Butt väterlich. »Dich hat's ja richtig erwischt.«

Da lächelte Peter treuherzig: »Keene Sorge, Onkel Hein – ick befinde mir schon wieder uff dem Wege der Besserung!« Und fügte hinzu: »Det jeloobe ick!«

Und so endete denn Peters Seeabenteuer mit eenem reumütigen Helden und eener fast reuwütigen Familie!

Zwischen Anni und Peter aber war det Ei kaputt. Er konnte ihr nich verzeihen, det se ihn erst jeküßt und denn einjesperrt hatte. Schließlich schickte se ihm aus lauter Daffke die Bernsteinkette zurück. Genau an seinem 15. Geburtstag. Det verdarb ihm den janzen Tag. Weiber!

Selbst die Feierlichkeiten zum 15. Jeburtstag der Republik konnten det Jeburtstagskind Peter nich aufheitern.

Vielleicht störte es ihn ooch bloß, det bei der Einweihung unseres Waschstützpunktes soville von Wasser jeredet wurde. Und Wasser erinnerte ihn nich nur an Rostock, ooch an seine verflossene Anni!

6.

»Jedermann an jedem Ort einmal in der Woche Sport!« Diese ebenso schöne wie jesunde Losung wollten wir in eene besonders jute Tat umsetzen. Zur Geisteskultur sollte nu ooch die Körperkultur kommen. Det Kulturhaus hatten wir schon. Jetzt sollte een Sportplatz entstehen mit eenem Schwimmbad, jewissermaßen als Naherholungszentrum für'n Stadtbezirk!

Anfang 1968 war ick Leiter der »Ständigen Kommission Bauwesen« jeworden und für det Projekt zuständig. Ick hatte zwar 'n Einblick und 'n Durchblick, aber keen' Überblick über die amtlichen Vorjänge. Klar war uns nur, det unser Naherholungszentrumsprojekt zum 20. Jahrestag der Republik fertig sein sollte.

Allerdings jab's ooch andere Pläne mit »Järtnerslust«, Pläne für eene neue Wohnstadt, mit Hochhäusern und allem Drum und ooch Dran, sojenannte Nachfolgeeinrichtungen! Aber unsere Jartenfreunde brauchten nich lange um ihre Lauben und Obstbäume zu zittern, die Würfel fielen zugunsten unseres Sport-und-Schwimm-Projekts! Es hieß nu: Sport frei!

Und aus Jartenfreunden und Kulturbundfreunden wurden nu ooch noch Sportsfreunde!

Vor allem Gottlieb wurde eener. Und wat für eener. Sein janzer Ehrjeiz bestand darin, mit seinen achtzig Jahren zu Ehren des 20. Jahrestages noch zwanzig Klimmzüge zu schaffen! Der Sportplatz und det Schwimmbad sollten auf dem Gelände unserer ehemaligen Schießstände und dem angrenzenden städtischen Wald entstehen. Mit den Rodungen und Planierungen fingen wir schon im Spätherbst 68 an. Und die Sportsfreunde holten sich ihren Muskelkater vor allem bei freiwilligen NAW-Einsätzen. Und ick steuerte behördlicherseits gelegentlich schwere Technik bei.

Gottlieb trainierte aber nich nur für seine zwanzig Klimmzüge, er orjanisierte ooch bei der Volkssolidarität eene Veteranen-Turner-Riege. Und Jottlieb spielte sich wie der Urururjroßturnvater Jahn auf!

Aber nich nur turnen sollten Gottliebs Veteranen, sie sollten ooch fliegen! Und zwar eenmal rund über Berlin, per INTERFLUG! Bisher jab's ja immer nur Rentner-Rundfahrten in PKWs. Aber im zwanzigsten Jahr der Republik wollte Gottlieb Dolle eben wat besonders Dollet uff die Beene stellen mit seinem Veteranen-Klub. Bevor es losjing nach Schönefeld, frühstückte Jottlieb sicherheitshalber noch een Eisbein, denn mit leerem Magen soll man nich fliegen. Jedenfalls gloobte det mein Vater. Unjefähr dreißig Rentner und Rentnerinnen aus Järtnerslust hatte Jottlieb für den Rundflug über Berlin bejeistert. Er selbst war ja in seinem janzen Leben ooch noch nie jeflogen. Rentner haben immer wat nachzuholen. Nu also det Fliegen!

Mit'm Bus jing's vom S-Bahnhof Schönefeld zum Flughafen. Vor der Abfertigung wurde die Rentnergruppe von eener sehr jungen und sehr hübschen Stewardeß in Empfang jenommen, die Jottlieb gleich irgendwie bekannt vorkam. Und det beruhte uff Jejenseitigkeit. Die Kleene überlegte ooch, wo se den alten Herrn hintun sollte. Erst mal aber mußte se ihren Pflichten nachkommen und die Gruppe zum wartenden Flugzeug lotsen. Doch nu gab's die ersten Schwierigkeiten!

Jartenfreundin Sperling, eene resolute Siebzigerin, wollte uff eenmal nich ins Flugzeug, sondern ins Flughafenrestaurant! Zujejeben, es war een Sauwetter an dem Tag, Schneematsch und Jraupeln jede Menge. Nur hin und wieder een blasser Sonnenstrahl. Aber die Sicht uff Berlin sollte ausjezeichnet sein, versicherte die Stewardeß.

Gottlieb versuchte, seinen Haufen bei der Stange zu halten: »Det Restaurant looft nich weg, Frau Sperling ... Erst wird jeflogen!«

»Ohne mich, Herr Dolle ..., ohne mich!« Und det klang sehr kategorisch.

Gottlieb war richtig entrüstet: »Aber Frau Sperling! Ihr janzet Leben lang heißen Se Sperling und sind nich ein einziges Mal jeflogen! Endlich könnten Se mal Ihrem Namen alle Ehre machen! Aber nee – een Sperling denkt eben immer nur an de Pferdeäppel! Uff'n Pflaster!«

Aber nu wollten ooch die anderen nich mehr mitfliegen. Wieder ereiferte sich Gottlieb: »Wat sagt man bloß zu diese ollen Leute? Wie die kleenen Kinder! Eenes Tages werdet ihr euch die Radieschen von unten bekieken und bedauern, det ihr nich eenmal in euerm Leben euer ollet Berlin von oben bekiekt habt!«

Aber Jottlieb appellierte verjebens. Seine Veteranen wollten sich lieber eene Portion Schlagsahne von oben bekieken!

»Also gut! Wenn ihr die Hosen voll habt ..., ick nich!« sprach Gottlieb und ließ sich von der kleenen Stewardesse zum Flugzeug führen.

Auf dem Weg uffs Rollfeld fragte sie: »Sind Sie nicht Opa Dolle?«

»Sie kamen mir ooch gleich so bekannt vor, Frollein ...?«

»Pfingsttreffen ... 1964 ...! Ihre Einquartierung aus Rostock!«

Es war Anni! Anni Priem. Na ja, fünf Jahre sind 'ne lange Zeit. Da verändert sich der Mensch, besonders een junger! Anni war womöglich noch hübscher jeworden. Sie lernte bei der INTERFLUG Wirtschaftskaufmann und wollte Stewardeß werden. Deshalb durfte sie bei den Rundflügen mitmachen.

»Wolltest du nich mal zur See fahren?« erkundigte sich Gottlieb.

Anni lachte: »Als Stewardeß zur Luft kann man sich doch mehr der Familie widmen, Opa Dolle!«

»Biste etwa schon verheiratet?«

Anni hielt lachend ihre beiden unberingten Ringfinger hoch: »Weder verlobt noch verheiratet!«

Und dann hatte *sie* eine Frage: »Sagen Sie, Opa Dolle ..., ist Peter bei der Volksmarine?«

»Ja, det is er ..., für drei Jahre!«

Anni lächelte, fast versonnen: »Dann war er's also doch ... im Frühjahr auf der Kurpromenade in Warnemünde. Ich war mir nur nicht sicher. Er war mit zwei flotten Mädchen beschäftigt ...!«

Gottlieb grinste jroßväterlich: »Na ja, seit Peter bei der Flotte is, is er ooch für flotte Mädchen!«

Dann mußte Jottlieb ins Flugzeug klettern. Er war fast der einzige Passagier, nachdem sich seine Truppe für Schlagsahne im Flughafenrestaurant entschieden hatte.

Anni schnallte ihn auf seinem Fensterplatz an, und Jottlieb fühlte uff eenmal det Eisbein in seinem Magen. Und ihm war doch een bißken mulmig zumute. Und als der Pilot uff'm Rollfeld Volljas gab, da wußte Jottlieb, det es nu keen Zurück mehr jab!

Die Lehrstewardeß bot ihm einen Bonbon gegen die Flugkrankheit an. Aber Jottlieb lehnte mannhaft ab: »Ick bin doch keen Säuchling! Nee, nee ..., een Bonbon kommt jar nich in die Tüte!«

»Ohne Bonbon wird was anderes in die Tüte kommen, Opa Dolle!« Und Anni hielt ihm diskret eine der bewußten Tüten vor die Neese.

»Mir is nich schlecht, Anni ..., mir is bloß nich janz jut!«

Als dann die ersten Luftlöcher kamen, verstummte Jottlieb und wurde noch blasser.

»Keine Angst, Opa Dolle, wir stürzen nicht ab. Das sind nur die Luftlöcher!«

Tapfer ächzte Gottlieb: »Wenn ick jeahnt hätte, det der Himmel über Berlin wie'n Schweizer Käse is ...«

Wieder machte die Maschine eenen kleinen Plumps.

»Schon wieder een Loch!« konstatierte Gottlieb. »Dajegen sind ja die Schlaglöcher uff unsere Straßen det reinste Vergnügen!«

Anni forderte ihn auf, endlich mal aus dem Fenster zu schauen. Aber Gottlieb grollte: »Soll ick mir die Luftlöcher ooch noch ankieken? Mir jenügt, det ick se zu spüren kriege!«

Mit sanfter Jewalt wollte Anni ihn zum Fenster schubsen: »Luftlöcher kann man nicht sehen, Opa

Dolle! Wir befinden uns über dem neuen Stadtzentrum, hoch über dem Fernsehturm ..., bis Oktober ist der fertig!«

Entsetzt wendete Jottlieb sich ab: »Hoch überm Fernsehturm? Willste mich umbringen? Ick bin doch keen Kosmonaute! Ick ..., ick bin een oller Mann, Anni!«

Und wie Hilfe suchend, faßte er nach ihrer Hand: »Ick war dem Himmel noch nie so nahe wie jetzt ..., det fühl ick!«

»Versuchen Sie's mal mit Singen, Opa!«

»Singen??«

»Das lenkt ab!«

Und prompt jehorchte der fliegende Gottlieb, wenn ooch etwas kläglich: »Det is die Berliner Luft, Luft, Luft ..., und die bringt mir in die Jruft, Jruft, Jruft ...! Anni, ick muß mal!«

Anni reichte ihm die bewußte Tüte. Aber Gottlieb wehrte ab: »Nee, ick muß mal richtig. Ihr habt doch hoffentlich een Klo an Bord ... oder sowat?«

Und dort blieb er denn für den Rest des Rundflugs. Und Gottlieb war der einzige Passagier, der sich bei der Landung nich anschnallte, uff seinem Sitz im Klo ...!

Aber zu Hause prahlte Jottlieb denn mit seinem Abenteuer, wat er allet von Berlin jesehen hätte, sojar sein ollet Schützenhaus. Und seine abtrünnigen Veteranen beschämte er mit Einzelheiten, die einem Münchhausen alle Ehre jemacht hätten. Viel später erzählte uns Anni denn die Wahrheit über diesen »Flug der guten Tat«!

Een Jutes aber hatte Jottliebs Rundflug für unsere Familie: Anni Priem kam wieder ins Visier!

Ihr telefonischer Anruf ließ nämlich nich lange uff sich warten. Martha war am Apparat: »Mensch, Anni ..., wurde ja wirklich Zeit, det du mal wat von dir hören läßt! Mein Jott, der Knatsch mit Peter damals, det is doch längst verjährt! Haste nich Lust, Sonntag zum Kaffe zu kommen? Peter kommt Sonnabend uff Wochenendurlaub. Vielleicht wird er dich ooch nich gleich erkennen, wie Opa Gottlieb neulich uff'm Flugplatz ...!« Anni sagte zu. Und wir freuten uns alle uff Peters dämlichet Jesicht, wenn er seine ehemalige Flamme wiedersehen würde. Aber es sollte een bißken anders kommen, dank der hinterlistigen Anni!

Am Sonnabend fand sich Anni pünktlich zur Ankunft des Zuges aus Rostock auf dem Bahnhof Lichtenberg ein. Und lauerte uff den ahnungslosen Peter. Sie hatte sich bis zur Unkenntlichkeit schick jemacht und sicherheitshalber eene sehr modische Sonnenbrille uff der Nasenspitze, obwohl det Wetter jar nich danach war. Ihre einzige Sorje war, det Peter nich unter die Marineurlauber sein könnte. Aber er war's!

Anni ließ ihm een paar Schritte Vorsprung. Dann eilte sie ihm nach und rief: »Eh, Günther ..., warte doch!«

Peter drehte sich um, und Anni tat verlegen: »Oh, entschuldigen Sie ...!«

Na ja, eene janz olle Masche, die Peter wohl selber hundertmal anjewendet hatte. Aber der Zweck heiligt ja die Mittel. Peter ließ seine bewundernden Blicke uff der schicken Anni ruhen und lächelte: »Leider heiße ich Peter ...!«

Anni hielt nach allen Seiten Ausschau nach ihrem angeblichen Günther: »Zu dumm ..., Günther wollte doch mit diesem Zug ...«

»Die Marine ist durch!« stellte Peter lächelnd fest. Dann reckte auch er den Hals nach allen Richtungen und flunkerte: »Een Unglück kommt selten allein ... Meine Käthe is ooch nich zu sehen!« Dann grinste er Annie verliebt an: »Wie wär's, wenn wir unseren Tränen in einem nahen Weinrestaurant freien Lauf ließen?«

Anni tat verschämt: »Sie gehen aber ran ...!«

»Ick bin Radar-Spezialist. Und mir scheint, ick hab da wat uff'm Schirm ...!«

»Was Feindliches?« kokettierte Anni.

»Im Jegenteil, janz im Gegenteil!«

»Arbeiten Sie schon lange am Radargerät?«

»Nee!«

»Drum ...!« Und Anni lächelte vieldeutig.

So gab jedenfalls een Wort det andere. Und allmählich machten wir uns zu Hause Sorgen um Peter, denn der Windhund hätte längst im Schoße der Familie sein müssen. Und Martha fragte sich schon, ob ihr Enkel vielleicht krank jeschrieben worden wäre?

Jottseidank lenkte nu een besonderes Vorkommnis unsere Aufmerksamkeit in eene andere Richtung: In unserer Jaststube erschien überraschend Frau Krummholz mit ihrem Nachbarn, dem Schmetterlingsfreund Otto Meier. Otto hatte eenen mächtigen Kopfverband und trug zwei Schmetterlingskästen unterm Arm. Frau Krummholz führte den lädierten Otto an unseren Familienstammtisch, wo ick mit meinem Vater beim Bier saß, während Martha die Jäste bediente.

»Meine Jüte, Frau Krummholz ..., wat is denn passiert?«

Und Martha ließ von ihren Jästen ab und kam zu uns: »Herr Meier? Wat is denn nu kaputt?«

Frau Krummholz erklärte resolut: »Der Mann is ja so unvernünftig! Ick habe ihm Erste Hilfe jeleistet. Aber er will nich zu mir ins Bette!«

Ick drängte: »Nu reden Se doch schon, Mann ... Wat is passiert?«

Kleinlaut erklärte Otto: »Zwei Schmetterlingskästen sind ja heil geblieben, Herr Dolle!«

Gottlieb grinste bedächtig: »Wenn man ihn so reden hört, könnte man meinen, er hätte 'n Dachschaden!«

»Das ja nun wieder nicht, Herr Dolle!« meinte Otto kläglich. »Na ja, aber ... ich habe doch schon immer gesagt, mir fällt zu Hause die Decke auf'n Kopf! Und ... nun ist es passiert!«

»Menschenskind, Otto ..., soll det heißen, det Sie 'n Schwamm in Ihre Wohnlaube haben?«

Frau Krummholz nickte energisch: »Schwamm is jar keen Ausdruck, Herr Dolle!«

Det war nu wirklich een starket Stück. Da kümmerte sich dieser Schmetterlingsjäger um allet mögliche, in seinem Betrieb, um'n Wegebau, bloß nich um seine eigene Bude!«

Martha mischte sich wieder ein: »Aber Sie als Nachbarin hätten doch wat von seinem Schwamm wissen müssen?«

Frau Krummholz war richtig beleidigt: »Und ob ick det wußte! Seit Monaten sag ick Otto ja schon, det er zu mir rüberziehen soll!«

Da wagte unser Verwundeter eenen schwachen Protest: »Aber Frau Krummholz ..., bei Ihnen ist doch gar kein Platz. Überall stehen doch bei Ihnen Ballons mit Apfelwein rum!« Und er erklärte uns: »Siebenhundert Liter zieht Frau Krummholz dies Jahr auf Flaschen, da ist für mich kein Platz mehr!«

Donnerwetter! Siebenhundert Liter!

»Hat mir der Doktor verordnet!« verteidigte sich Frau Krummholz. »Wegen der Verdauung!«

Da grinste Gottlieb wieder: »Da käme Otto wirklich vom Regen in die Traufe! Bei Ihnen würde er sogar noch feuchter wohnen, Frau Krummholz!«

»Schluß mit dem Quatsch!« entschied nu Martha. »Herr Meier kann bei uns wohnen. In Peters Zimmer ... Dies Wochenende kann Peter ja im Wohnzimmer auf'm Sofa schlafen ...!«

Da geriet unser Schmetterlingsfreund noch mehr in Verlegenheit: »Ick war eigentlich nur jekommen, um eenen Kognak zu trinken, auf den Schreck ...!«

Doch Martha half ihm schon uff die Beene: »Kommen Se nur, Herr Meier, wir werden Ihnen den Kognak ans Bette servieren!«

Otto nahm seine geretteten Schmetterlingskästen wieder unter den Arm: »Aber bitte ... nur für eine Nacht, Frau Dolle!«

Und Martha führte unsern Jast ruff in Peters Zimmer.

Es war nu schon janz schön spät jeworden, und Peter war noch immer nich da. Nach'm Abendbrot zogen sich seine Eltern in ihre Jemächer zurück, weil se uns mit ihrem dauernden »Wo bleibt bloß der Junge?« mächtig uff'n Wecker gingen! Otto Meier hatte sich inzwischen ins Bett jelegt, und Gottlieb leistete ihm Jesellschaft. Sie spielten Schach. Aber Otto war nich richtig bei der Sache, wat Gottlieb uff seinen lädierten Kopp zurückführte.

»Mensch, Otto ..., ick fürchte, Sie liegen gleich in den letzten Zügen, wenn Se nich endlich uffpassen. Türmen Se mit'm Turm, ... sonst sind Se matt!«

Otto aber starrte wie jebannt uffs jeschlossene Fenster statt uffs Schachbrett.

»Wat linsen Se denn dauernd zum Fenster? Wollen Se frische Luft?«

Aber Otto wehrte ab, ohne den Blick vom Fenster zu wenden: »Nein, nein ..., bitte nicht ... Pssst! Verhalten Se sich janz ruhig, Herr Dolle!« Und kletterte aus'm Bette.

Gottlieb warnte: »Vorsicht, Mensch, denken Se an Ihre Jehirnerschütterung ...!«

Aber Otto zeigte wieder zum Fenster und wisperte: »Da ..., da ist er wieder!«

Gottlieb zweifelte nich daran, det Otto een Jespenst sah: »*Wat* is da wieder?«

Wortlos holte Otto sich den Kescher, der neben Peters Aquarium lag, um ihn als Schmetterlingsnetz zu benutzen. Dann erklärte er wispernd dem verständnislosen Gottlieb: »Sehen Sie ihn nicht? Ein Acherontia atropos! Seit Jahren warte ich auf so eine Gelegenheit ... Er fehlt mir noch in meiner Sammlung! In unseren Breiten kommt er nämlich sehr selten vor!«

»Du kriegst die Motten!« staunte Gottlieb.

Otto erläuterte emsig weiter: »Der Totenkopf ist der größte aller Schwärmer.«

»Und für sowat schwärmen Sie?« Gottlieb schüttelte ungläubig den Kopp.

Otto wurde nu vom Jagdfieber ergriffen: »Löschen Sie bitte das Licht, Herr Dolle ..., ich will versuchen, ihn ins Zimmer zu locken.«

Gottlieb jehorchte brummend: »Sie hätten Kammerjäger werden sollen!«

Nu lag det Zimmer im Dunkeln, und Otto öffnete behutsam det Fenster, in der erhobenen Hand den Kescher.

Lockend wisperte er: »Komm, mein Totenköppchen, komm ...! Da ..., Vorsicht ..., er muß im Zimmer sein ...!«

»Ick kann nischt sehen!« erklärte Gottlieb.

»Pssst ...! Gleich werden wir ihn quietschen hören ... Dann wissen wir, wo er sitzt.«

»Wat denn? Eene Motte, die quietscht?«

Aber schon war irgendwo im dunklen Zimmer ein leises Quietschen zu vernehmen. Mit angehaltenem Atem wisperte Otto: »Da ..., er gibt Laut ..., er ahnt die Gefahr ...!«

Aber Jottlieb schüttelte den Kopp: »Die *Haustüre*

hat jequietscht, Otto! Wahrscheinlich kommt mein Urenkel nach Hause jeschlichen.«

»Nein, nein ..., es war der Totenkopf, unverkennbar ...! Das Geräusch kam von unten ... Vielleicht hat er sich unters Bett jerettet? Bitte, Herr Dolle, heben Sie det Bett etwas an, damit ich drunter komme ...«

Jottlieb jehorchte: »Det is ja aufregender wie 'ne Löwenjagd!«

Der Schmetterlingsjäger krauchte nu unter det Bette, den Kescher fangbereit. In dem Moment öffnete jemand die Zimmertür und knipste det Licht an. Es war Peter!

»Da biste ja ooch schon!« bejrüßte ihn sein Urjroßvater und ließ prompt det Bette los. Und unter dem Bette hörte man een lautes »Aua!«.

Peter starrte perplex uff seinen Urjroßvater und die zappelnden Beene unter seinem Bette: »Wat is denn *hier* los?«

Jottlieb legte eenen Finger uff seine Lippen: »Psst ..., sei mal janz stille! Gleich wirste eenen Totenkopp quietschen hören unter deinem Bette!«

»Seid ihr besoffen?«

Peter hob det Bett wieder an, und Otto kam hervorjekrabbelt: »Das ja nu wieder nich, Herr Dolle ...!« entschuldigte er sich, rückte seinen Koppverband wieder zurecht und stöhnte wehleidig: »Immer muß mir wat uff'n Kopp fallen!«

Gottlieb half ihm nu auf: »Sie jehören ja ooch ins Bett und nich unters Bette, Otto!«

Dann nahm er ihm den Kescher weg: »Wir können ja een anderet Mal wieder det Halali zu Ihre lateinische Totenkoppjagd blasen ...!« Und drückte den Patienten ins weiche Bette zurück.

Natürlich wunderte sich Peter etwas darüber: »Und wo is nu meine Koje?«

Jottlieb schob ihn zur Tür: »Jeh man ins Wohnzimmer vor Anker. Die Familie lauert schon voller Sehnsucht uff dir!«

Peter zog also ab, und Otto hatte een schlechtet Jewissen: »Es is mir wirklich sehr unanjenehm, daß ick dem Jungen sein Zimmer blockiere, Herr Dolle!«

»Ach wat, Otto ..., zerbrechen Se sich man bloß nich Ihren zerbrechlichen Kopp, der hat schon jenug jelitten!«

Dann schob er wieder det Schachbrett zum Bette: »Sie waren am Zug, Otto ...!«

Doch Otto konnte sich noch immer nich konzentrieren. Gedankenvoll seufzte er: »Ob er wohl noch mal kommen wird?«

»Wer? Peter?«

»Der Acherontia atropos ...!«

»Ach wat – Hauptsache, unser Nachtschwärmer Peter is wieder da! So ..., matt! Matter jeht's nich ...«

Im Wohnzimmer hatte Martha schon längst det Sofa bezogen, als Ersatzbette. Und Elfi, Paule, Martha und icke umringten vorwurfsvoll den säumigen Wochenendurlauber.

»Wenn du schon mal uff Urlaub kommst, jehörste der Familie!« schimpfte Martha großmütterlich.

»Tut mir wirklich leid, det es 'n bißken spät jeworden is! Aber ... es war höhere Jewalt!«

Paule grinste ironisch: »War se blond oder schwarz?«

Peter holte tief Luft und verkündete todernst: »Jedenfalls is et die Frau fürs Leben!«

»Det sagste jedesmal!«

»Diesmal is et Ernst, Oma! Ick ..., ick hatte schlagartig det Jefühl: Die kennste seit Jahren!«

Wieder grinste Paul verächtlich: »Wie romantisch!«

Aber Peter ließ sich nich ärgern: »Sie wird euch jefallen! Sie heißt Rosi ..., Rosi Kohl!«

»Hast du die etwa eingeladen?« erkundigte sich Elfi ahnungsvoll.

»Sie kommt morgen zum Kaffe!«

Da wurden wir alle uff eenmal wieder munter. Nur Peter jähnte: »Darf ick mir endlich in de Koje hauen? War'n anstrengender Tag ...«

Wir sagten ihm also jute Nacht und versammelten uns im Zimmer der gramjebeugten Eltern! Wat nu?

Sollten wir Anni wieder ausladen? Und dieser Rosi Kohl det Feld überlassen? Endlich einigten wir uns: Soll Peter seinen Besuch haben und wir unseren!

»Aber ... wenn wir Peter von Anni erzählen, denn haut der bestimmt ab mit seiner Rosi, aus Daffke!« gab Elfi zu bedenken.

Det war wirklich zu befürchten. Also: Keen Wort von Anni! »Jedenfalls wird det bestimmt een interessanter Nachmittag morgen!«

Damit zogen nu ooch Martha und icke uns in unser Schlafzimmer zurück. Und als Martha endlich neben mir im Bette lag, seufzte sie ahnungsvoll: »Also, Willi ..., ick träum bestimmt von anjebrannten Rosenkohl!«

Schon am frühen Nachmittag hatte Peter janz rote Ohren vor lauter Uffregung und Erwartung.

»Großmutter, warum haste denn so rote Ohren?« scherzte Paule väterlich.

»Rot is die Liebe!« setzte Minna eenen druff.

Martha aber gab zu bedenken: »Vielleicht is et diesmal wirklich die Liebe uff'n ersten Blick jewesen?«

»Worauf ihr euch verlassen könnt!« grunzte der Liebhaber bockig.

Wir saßen alle am Familienstammtisch in der Jaststube, weil ooch Minna und Martha wat von der kommenden Rosi haben wollten. Gottlieb hatte sich extra feinjemacht, für Anni! Uff eenen Zettel hatte er jeschrieben: »Bitte erzähl nischt von meinem Rundflug!« Den wollte er Anni bei Jelegenheit diskret zuschieben! Aber Anni ließ uff sich warten. Und diese Rosi ooch!

Plötzlich sprang Peter vom Stuhl hoch, als wäre »Alarm« ausjerufen oder jetutet worden: »Da is se ...!« Er stürzte zum Einjang und nahm seine Freundin in Empfang. Sie hatte die jroße Sonnenbrille uff und war sehr schick gekleidet. Und wir alle machten große Oogen. Stolz führte Peter seinen reizenden Gast an unseren Tisch: »Darf ick vorstellen ..., det is ...«

Da nahm det Mädchen die Sonnenbrille von der Neese, und Jottlieb sagte perplex: »Anni!«

Anni streckte ihm lachend die Hand entgegen. »Tach, Opa Dolle!«

Nu kiekten wir alle uff Peter. Wir waren ja uff een dämlichet Jesicht jefaßt, aber so dämlich, wie Peter jetzt uff Anni linste, hatten wir's uns doch nich vorjestellt. Er schnappte nach Luft wie'n Karpfen uff'm Trockenen und glotzte entsprechend. Aber dann machte er uff eenmal kehrt und marschierte wortlos durch die Tür »Privat« ab. Elfi rief ihm mütterlich besorgt nach: »Peter? Wo willste denn hin?«

Martha sagte mit leisem Tadel zu Anni: »Warum mußtest du ihm ooch so verkohlen, mit Rosi Kohl?«

Anni zuckte lachend die Achseln: »Ich hatte gehofft, daß ihn wenigstens der *Name* stutzig machen würde ...!«

»Ihr wart doch jestern stundenlang zusammen? Er hätte dich doch erkennen *müssen*?«

»Oder … haste die janze Zeit die Sonnenbrille uffjehabt?«

Anni errötete leicht: »Natürlich nicht …«

Paul regte sich uff: »Und der Bengel will Radar-Spezialist werden!«

»Liebe macht eben blind!« gab Minna ihren Senf dazu.

Uff eenmal kam Peter zurück. Und wir dachten schon, er wollte Anni eene langen. Aber er hängte ihr feierlich die Bernsteinkette um'n Hals, die sie ihm mal aus Daffke zurückjeschickt hatte … vor fünf Jahren! Und dazu sagte Peter und kiekte dem Mädchen tief in die Oogen: »So – und diesmal behältste se, Anni!« Und ehe Anni wat sagen konnte, küßte er sie vor allen Leuten auf'n Mund!

Minna seufzte elegisch: »Det is Liebe uff'n zweiten Blick!«

Wir saßen nu alle am Familientisch, und Martha spendierte eene Pulle »Rotkäppchen«! Und ick erhob mir zu eenem jebührlichen Toast: »Keener von unserer Familie hat sich vor fünf Jahren träumen lassen, det aus Anni und Peter noch mal een Paar wird! Junge Liebe rostet eben *ooch* nich! Möge daraus nu eene alte Liebe werden, die so rostfrei bleibt wie bei deine Eltern und Jroßeltern, Peter! Trinken wir also uff Peters erste und letzte ›Liebe‹ und uff eene baldige Hochzeit, denn bisher hat noch jeder männliche Dolle mit zwanzig Jahren jeheiratet! In diesem Sinne … Prost!«

Nachdem nu Peters Verlobung unter Dach und Fach war, wie man in Maurerkreisen zu sagen pflegt, nahm ick mir die schwammige Bude vom Schmetterlingsfreund Meier als Hauptaufgabe vor. Ich brauchte uff'm schnellsten Wege eene Putzerbrigade. Aber woher nehmen …? Die Jartenfreunde vom NAW wußten höchstens, wie man sich die Neese putzt.

Da kam mir die Idee mit meine Lehrlinge in de Betriebsberufsschule.

Zu Beginn der Stunde schrieb ick uff die Tafel die Formel: $CaSo_4 \cdot 2H_2O$.

Dann stellte ick den Jungs die Frage: »Ein Kalziumsulfat mit zwei Molekülen Kristallwasser erjibt wat für eenen Rohstoff? Na, nu kramt mal in eurem Jedächtnis! Erwin, du siehst so aus, als ob dir wat uff de Zunge bammelt?«

Aber Erwin starrte mir nur hilflos an und stotterte: »Det ..., dette täuscht, Meesta ...!«

Ick half ihm nach: »Ach wat, denk mal nach, Erwin! Wat *jibt's* denn allet für Baustoffe?«

»Jips jibt's, Meesta!« Und nu fiel Erwin ooch der Rest wieder ein. Erleichtert leierte er: »$CaSo_4$ mal $2H_2O$ is die Formel für Jipsstein!«

»Sehr jut, Erwin!«

Ick pickte mir nu den nächsten Lehrling raus: »Und wat is Jips, Orje?«

»Jips is ein nichthydraulischet Bindemittel, Meesta!«

»Und wat jibt's allet für Jips? Na, Herbert, wat meinste?«

Herbert war in Hochform: »Stuckjips jibt's, Putzjips jibt's, Estrichjips jibt's, Marmorjips jibt's, Porenjips jibt's ...!«

Woraufhin die alberne Bande wie die Mädchen losquiekte. Ick winkte um Ruhe: »Ick sehe, den Jips habt ihr jefressen! Schade, ick hatte jehofft, det ick euch nachsitzen lassen könnte ...!«

»Nachsitzen, Meesta?« Die Jungs spitzten ahnungsvoll die Ohren.

»Na ja, draußen bei mir in Järtnerslust! Da is eenem die Decke uff'n Kopp jefallen ...!«

Die Jungens verstanden. Und Erwin jrinste: »Sachen jibt's, die jibt's jar nich!«

Eene Woche druff konnte unser Totenkoppjäger wieder in seine renovierte Laube zurück.

Aber dafür kriegten wir eenen neuen Untermieter in Peters Zimmer: Anni Priem!

Und zwar uff ausdrücklichen Wunsch ihres flotten Verlobten. Eene Art Garantieschein sollte det seinerseits sein: Garantiert solide bis zur Hochzeit! Anni hatte nischt dajegen. Denn im Internat von INTERFLUG jehörten Herrenbesuche nach zehne nich unbedingt zur sozialistischen Moral!

Während also unser Peter ausjesprochenet Glück in der Liebe hatte, hatte Minna Glück im Spiel!

Seit Jahren tippte se immer dieselben Zahlen im Lotto und hatte sich schon so an ihre wöchentlichen Nieten jewöhnt, det se jar nich mehr an eenen Treffer dachte. Um so ungläubiger starrte se eenes Morgens uff die Jewinnzahlen in de Zeitung, wurde käsebleich und hauchte: »Ick krieg 'n Trabbi ... aus de Sonderziehung von ›Sechs aus neunundvierzig‹ ...!«

Minna hatte sich schon immer eenen fahrbaren Untersatz jewünscht, vor allem als Lockmittel für potentielle Ehepartner! Sie hatte ooch eenen Sparstrumpf uff der hohen Kante, an dem man sich 'n Bruch heben konnte! Un in eener Fahrschule hatte se sich ooch anjemeldet. Doch ooch 'n Auto anzumelden, det hatte se verschwitzt. Und bisher hatte ooch keener aus der Familie es für nötig jehalten, Minna daruff aufmerksam zu machen! Paule hatte eenen Wartburg »Tourist«. Und der reichte völlig für die Familie aus.

Minna war aber een doppelter Glückspilz, jewissermaßen een Riesenbovist aus Fortunas Jarten! Ihr stand nich nur een funkelnagelneuer »Trabant« ins Haus, ooch die Fahrschule schickte eene amtliche Einladung!

Und von nu ab war mit Minna nich mehr zu reden. Nur noch über die StVO.

Für die nächste Überraschung sorgte Paule. Er wollte Ostern zum Wintersport. Ins Erzjebirge. Mit Elfi!

Er hatte nämlich mit seiner Forschungsabteilung vorfristig im Chor »Heureka« jekräht, und zur Belohnung hatte der dankbare Betrieb nich nur Prämienschecks, sondern ooch Ferienschecks hinjeblättert. So für heute uff morgen.

So'n richtiget viereckiget Osterei war det!

Doch Paule fand es schön rund und durchaus in Ordnung. Er konnte jar nich verstehen, det sich sein jeliebtet Eheweib nich sofort die Skier anschnallte und uffs Parkett eenen Trockenkurs anfing! Ooch Martha zeigte keene Begeisterung: »Wintersport im April, Mensch! April, April ..., wat?«

Paul lachte: »Unser neuer Spezial-Rechner hat errechnet, det mindestens bis Pfingsten im Mitteljebirgsraum Ski und Rodel jut sein werden!«

Martha setzte noch eenen druff: »Habt wohl euren Heureka-Rechner mit'm Hundertjährigen Kalender jefüttert, wat?«

Damit räumte sie det Feld, um es janz dem Ehepaar zu überlassen.

Elfi fing janz liebevoll an: »Paulchen, sei vernünftig. Ich freue mich ja, daß du eine Auszeichnung bekommen hast ... Aber, ich kann doch nicht einfach alles stehen- und liegenlassen? Ich habe schließlich *auch* einen Beruf!«

»Vor allen Dingen haste eenen Stellvertreter!«

»Du weißt, daß Kollege Kleinlein mit unserem ›Methodischen Kabinett für Wohngebietsarbeit‹ völlig ausgelastet ist! Ich kann ihm nicht auch noch das ›Lenin-Programm‹ aufbürden, Paulchen ...!«

Paule gab sich jroße Mühe, janz ruhig zu bleiben. Er gab Elfi sojar eenen Kuß, bevor er die Diskussion fortsetzte: »Elfi, Kleene – nu sei *du* mal vernünftig. Wenn du gloobst, det du der Republik nützt, indem du mit letzten Kräften Lenin ehrst, dann biste falsch projrammiert! Erspare der Republik lieber die Kosten für 'ne Kneippkur in Bad Schandau und komm mit mir zum Wintersport!«

Und liebevoll fügte er hinzu: »Det würde Lenin dir ooch raten!«

Unwillkürlich kiekte Elfi in' Spiegel, eene Art »Lenin-Reflex«. Aber sie fand ihr Spiegelbild nich besorgniserregend: »Ich brauch keine Kur! Ich fühle mich ausgezeichnet!«

»So? Na, denn habe ick wohl jrüne Tomaten uff de Oogen?«

Langsam kam nu doch Paules Jalle ins Pulsieren, wegen soville Unvernunft seiner Elfi. Tatsache war, det Elfi seit einiger Zeit rumlief wie der Dod uff Latschen!

»Also, Elfi – Schluß mit der Diskussion! Wir fahren!«

Doch Elfi schüttelte trotzig den Kopp: »Nee, Paul ..., in der Woche nach Ostern tagt in unserem Saal öffentlich die Stadtbezirksversammlung!«

»Und da biste natürlich *ooch* unentbehrlich, wat? Als Platzanweiserin ..., hahaha!«

Det traf. Platzanweiserin war Elfi ja mal jewesen!

Elfi rannte zur Türe, riß se uff und rief: »Fahr doch alleine!«

Dann knallte die Türe und hakte wieder mal den Haussegen aus! So schief hatte der selten bei uns jehangen.

Ziemlich schief hing ooch jeden Abend Opa Jottlieb an seine Reckstange, die er sich vor seinem Schlafzimmer quer über'n Korridor jeklemmt hatte. Uff zehn Klimmzüge hatte er es schon jebracht. Sein Training war ooch een jutes Schlafmittel. Wenn Jottlieb mal partout nich einschlafen konnte, jing er raus auf'n Korridor und zappelte an seine Reckstange rum, wie een Faultier, dem det Fell juckt. Die zwanzig Klimmzüge zum 20. Jahrestag blieben sein eisernes Planziel!

Natürlich waren Jottliebs abendliche Klimmzüge mit ville Jejapse und Jestöhne verbunden. Minna, die besonders empfindliche Ohren für sowat hatte, kam mit'm Stuhl uff'n Korridor und forderte den greisen Klimmzügler uff: »Mach mal Pause, Jottlieb ... Ruh dir aus und hör mir mal die Kraftfahrzeug- und Verkehrskunde ab!«

Jottlieb sackte uff den Stuhl und japste: »Du mit deine dämliche Fahrschule ...!«

Aber Minna hielt ihm det Lehrbuch unter die Neese: »Ick bin jetzt Motorsportsfreundin, Sportsfreund. Im Sport muß eener dem anderen Hilfestellung jeben!«

Gottlieb legte also eene kleene Verschnaufpause ein und hörte Minna seufzend ab: »Wie ville Jänge jibt et?«

Minna dachte unjeheuer scharf nach und kam zu dem Ergebnis: »Viere! Suppe, Fisch, Braten, Pudding!«

»Minna, du sollst keen Menü runterbeten, Mensch!« knurrte Jottlieb.

Aber Minna verteidigte sich: »Brauch ick als Jedächtnisstütze: Dritter Jang, beispielsweise, Braten – zieht am kräftigsten durch! Denn kommt der vierte Jang, Schonkost ... Pudding! Also der Schongang, verstehste?«

»Und wenn der Kühler kocht, denkste an Spiegeleier, wat?«

Da setzte die Abc-Fahrschülerin eene überlegene Miene uff: »Een Trabant hat Luftkühlung!«

»Sehr jut, Minna, sehr jut! Und ... in wieviel Teile zerfällt der Motor?«

Jetzt versank Minna wieder in tiefes Grübeln: »Warte mal ..., ick hab's schon mal jewußt ...«

Gottlieb grinste heimtückisch: »Is doch janz einfach, Minna! Wenn *du* det erste Mal fährst, zerfällt er in sämtliche Teile!« Und er gab ihr det Lehrbuch zurück.

Minna setzte wieder eene überlegene Miene uff: »Denkste! Mein Fahrlehrer lehrt: Man soll immer so fahren, det man vor einem Unfall zum Stehen kommt!«

Gottlieb streckte sich und hängte sich wieder an de Reckstange: »Dann fährste also immer nur in Brühe mit Ei, wat?«

»Wieso?«

»Na, Suppe ..., erster Jang ..., hahahaha!«

Damit gab er sich wieder seinen Klimmzügen hin und zählte dazu ächzend: »Einze, zweie, dreie ...!« Bei drei fiel er fast von der Stange, total erschöpft. Und verhalf damit Minna zu eenem höhnischen Abjang: »So sieht also eener aus, der bis dreie zählen kann.«

Det Wetter versprach der Republik immer mehr een »weißes Ostern«! Uns Dolles aber stand een ziemlich schwarzes Ostern bevor. Jewissermaßen det schwärzeste seit Menschenjedenken, wie man so sagt! Und det kam so:

In meiner Abjeordneten-Sprechstunde für »Järtnerslust«, die ick regelmäßig in unserem ollen »Schützenhaus« abhielt, erschien eene totschicke junge Dame, die mir schon beim Reinkommen zuzwinkerte, als ob ick se kennen müßte. Ick kannte se aber nich, det heißt, ick kannte se, aber ick erkannte se nich.

Es war »Krümel«, eener von meinen ehemaligen Lehrlingen, Franziska Neubauer! Det war wirklich mal eene freudige Überraschung.

»Darf ick dir noch duzen?« erkundigte ick mich rein rhetorisch! Natürlich durfte ick. Aber Krümel blieb beim »Sie« und »Meister«. Da war nischt zu machen.

Jedenfalls is et immer een erhebendes Jefühl, wenn man so sieht, wat aus seine Lehrlinge jeworden is.

Krümel hatte also wirklich Architektur studiert und es bis zur Projekt-Tante jebracht. Genau jesagt, sie war Abteilungsleiterin im Projektierungsbüro des Baukombinats!

Na, da konnte ick natürlich nur voller Stolz jratulieren. Natürlich quatschten wir erst mal von die alten Zeiten. Und Krümel erkundigte sich, wat aus Atze Schmittchen jeworden is, mit dem se mal stark befreundet war. Da konnte ick leider nischt Positives berichten: Atze war nach dem 11. Plenum 1965 über einen seiner Kabarett-Texte jestolpert, een sojenanntes Couplet: »Bei uns, da wird det immer scheener!«

Es gab da jewisse Mißverständnisse in der Einschätzung des ganzen Kabarett-Programms. Da hatte sich Atze denn abjesetzt, gen Westen!

Krümel war richtig geknickt, als sie det hörte. Sie erinnerte sich jenau an Atzes »Song vom roten Fritz«, den unsere Minna damals übers Fernsehen deklamiert hatte, von wegen: »Wer mit die Roten jeht, is *nich* behämmert!« Wir alle haben det mit Atze nur schwer verdauen können, besonders Minna! Na ja – Schwamm drüber, wie der Maurer sagt!

Nu rückte Krümel langsam mit dem Grund ihres Besuches raus: »Ich hab so'n Hobby, Meister Dolle ..., ich sammele alte Baupläne, Entwürfe, Fotos, neunzehntes Jahrhundert, Gründerjahre, speziell Berlin! Ich, zum Beispiel, finde den Jugendstil durchaus nicht kitschig wie meine Herren

Kollegen und Vorgesetzten. In Treptow steht noch ein Ausflugslokal, das ›Alte Eierhäuschen‹. Weder der Architekt ist bekannt, noch existieren irgendwelche Unterlagen, wie Baupläne! Aber hier, Ihr ehemaliges ›Schützenhaus‹ sieht dem Eierhäuschen sehr ähnlich, ich vermute, daß es sogar vom selben Architekten stammt.«

»Hm – ick weeß nich, ob ick dir da helfen kann. Vielleicht weeß mein Vater wat? Aber der hat ja damals ooch nur in det Ding reinjeheiratet …«

»Manchmal finden sich die Baupläne im Grundstein, eingemauert!« meinte Krümel hoffnungsvoll.

Und ick ahnte noch nischt Böset und grinste nur: »Da müßten wir ja det Haus abreißen, um ranzukommen …«

Da kiekte mir Krümel janz verstört an und fragte: »Ja, aber … Meister …, es *wird* doch abgerissen!«

Schön saß ick da als Leiter der Ständigen Kommission Bauwesen, der von nischt wat weeß! Jut, det ick nich stand, denn dann hätte mir Krümels Mitteilung garantiert die Beene wegjehauen! Ick hielt mir vorsichtshalber am Stuhl fest und stellte mir unwillkürlich vor, wie det wohl aussieht, wenn een Eskimo vom Schlitten jehauen wird. Und als ick merkte, det ick ruhig sitzen blieb und keene Jefahr mehr war, holte ick tief Luft und sagte: »Sag det noch mal!«

Krümel tat mir den Jefallen, und ick zuckte nur noch ’n bißken zusammen. Wenn eener die Fakten kannte, denn Krümel! Frau Abteilungsleiterin Franziska Neubauer war verantwortlich für das Neubaugebiet »Gartenstadt«!

»Seit wann is det amtlich, Krümel?«

Krümel zuckte die Achseln: »Ich bekam jedenfalls vor vierzehn Tagen grünes Licht, Meister!«

»Dann hätte mir doch Bürgermeister Butt längst wat sagen müssen?«

Krümel zuckte wieder die Achseln, und diesmal lächelte se aber: »Vielleicht wollte er Ihnen und Ihrer Familie nicht das Osterfest verderben?«

Dann verdrückte se sich, denn die Situation war ja ooch 'n bißken peinlich: »Nehmen Sie's nich so tragisch, Meister ... Und denken Sie an den Grundstein, wenn's soweit ist! Tschüs.«

Da saß ick nu mit einem riesigen Kuckucks-Osterei, det ick nu vor meiner und nich für meine Familie verstecken mußte! Ick hängte mich ans Telefon und machte mit Bürgermeister Butt eenen dringenden Termin aus.

Butt empfing mich mit eenem schlechten Jewissen und dem Modell vom Neubaujebiet »Jartenstadt«.

»Ick wollte dich wirklich erst nach Ostern informieren, Willi, damit du guten Gewissens sagen kannst: Mein Name is Osterhase, ick weiß von nischt!« scherzte er und haute mir kameradschaftlich so uff de Schulter, det ick gleich mit der Neese uff de Punkthäuser des Modells stieß: »Na, wie jefällt dir das?«

Na ja, uff so 'm Modell sieht ja immer allet sehr niedlich aus. Und ick versuchte mich zu orientieren: »Und wo stand mal Dolles ollet ›Schützenhaus‹, alias Kreiskulturhaus, alias ›Volkshaus Adolf Glaßbrenner‹?«

Butt nahm einen Zeigestock zur Hand und fummelte suchend über dem Modell rum: »Hm ..., da müßte ick selber raten ...«

»Und wo is det Naherholungszentrum? Der Sportplatz? Det Schwimmbad?« forschte ick vorwurfsvoll.

Butt zuckte die Achseln: »Ich muß mich ja selber erst an die neue Lage gewöhnen, Willi!«

Vor einem halben Jahr fielen die Würfel zugunsten des Naherholungszentrums. Und jetzt?

»Welcher Jenosse Aladin hat det mit seine Wunderlampe wieder wegjepustet, Hein? Oder weeßte det *ooch* nich?«

Butt grinste: »Ein bißchen seid ihr selber schuld. Ihr habt schon soviel gerodet und planiert für das Naherholungszentrum, daß das Baukombinat nun 'ne Menge einsparen kann bei den Vorarbeiten. Jedenfalls wurde so argumentiert ..., wobei natürlich euer freiwilliger Arbeitseinsatz hoch gelobt wurde. Er wird nicht ohne Belohnung bleiben!«

»Dadruff sind die Jartenfreunde bestimmt nich scharf. Die werden jarantiert uff ihre Pachtverträge pochen, Hein ..., und die loofen erst nächstes Jahr aus ...«

»Deshalb werden wir ja nächste Woche auf der Versammlung hier im Volkshaus alle Fragen mit der Bevölkerung diskutieren. Über die vorzeitige Kündigung der Pachtverträge und über Entschädigungsfragen ...!«

»Na, ick hör die Jartenfreunde schon rumkrakeelen ..., und am lautesten Martha ... und Gottlieb! Seit vier Jenerationen kleben die Dolles am ollen ›Schützenhaus‹!«

»Aber du bist Mitinhaber, Willi – dir gehört die Hälfte!«

Ick schüttelte den Kopp: »Für meine Hälfte kann ick jarantieren, Hein ..., aber für meine bessere Hälfte nich!«

»Martha ist Jeschäftsfrau, Willi! Außerdem ist sie bald Rentnerin. Die Höhe der Entschädigungssumme wird sie überzeugen.«

Ick seufzte: »Optimist!«

Butt haute mir wieder kameradschaftlich uff de Schulter und jeleitete mich zur Türe: »Auf der Versammlung erwarte ich jedenfalls von den Dolles nur vorbildliche Diskussionsbeiträge! Frohe Ostern ..., grüß alle!«

Mir blieb nu nur noch die Hoffnung, det ick irgendwo det Oster-Ei des Columbus finden würde!

Zu Hause lief mir prompt meine Martha übern Weg, kehrte aber um und wunderte sich: »Siehst ja so blaß aus, Willi? Is wat?«

Ick schüttelte mannhaft den Kopp und flunkerte eisern: »Nee ..., allet in Ordnung!«

»Wär ja ooch 'n Ding, wenn du vielleicht die Jrippe kriegen würdest, ausjerechnet über Ostern. Unser Peter kommt nämlich uff Kurzurlaub!«

Ick nickte diesmal mit'm Kopp und murmelte wehleidig: »Na, prima!«

Wieder musterte mir Martha argwöhnisch: »Freuste dir jar nich, Willi?«

»Doch, doch ...«, beteuerte ick und wollte schon weiter, aber Martha hielt mir am Mantelknopp fest: »Natürlich können wir det Pärchen nich in eenem Zimmer schlafen lassen, Willi ..., jedenfalls nich in eenem Zimmer unter *meinem* Dach. Und da habe ick jedacht, det Anni wieder im Wohnzimmer uff'm Sofa pennt, wie damals beim Pfingsttreffen! Für Peter ist det Sofa inzwischen zu kleen!«

Na, ick hatte wirklich andere Sorgen, als mir mit Martha über Moral zu streiten. Doch ick konnte mir nich den Hinweis verkneifen: »Als wir beede jung waren, hielten wir uns an die Devise: Wo man sich bettet, da liebt man!«

Im Treppenhaus hörte ick merkwürdiges Jepolter aus Paules Wohnzimmer. Ick kloppte an, aber im Zimmer kloppte es lauter. Da öffnete ick de Türe und erblickte meinen Sohn mit seine Skier an de Füße und total mit's Mobiliar verheddert! Er stand uff eenem Been, det andere halb in de Luft, uff die Ski-Stöcker jestützt, und sah mir so erleichtert an, als wäre ick 'n Bernhardiner mit's rettende Fäßchen!

»Vater ..., schnell ..., ick brech mir sonst 'n Hals! Hilf mir!«

Aber ick rührte mich nich, weil ick jrade det jesuchte Oster-Ei des Columbus jefunden hatte!

Der Anblick, der sich mir bot, brachte mich uff eine rettende Idee: Martha einfach aus'm Weg schaffen. Jedenfalls bis nach der Ratsversammlung!

»Beeil dir doch, Vater!« stöhnte mein Wintersportler. Jetzt griff ick zu und stellte Paule wieder vorsichtig uff die Beene.

Und ick kam gleich zum Thema: »Fährt Elfi nu mit?«

Paul zuckte die Achseln: »Wahrscheinlich muß se wirklich erst mal zu eener Kur, damit se merkt, det der Laden ooch ohne sie looft!«

Jetzt ließ ick meinen Korken los: »Dann nimm doch *Muttern* mit –!«

»Mutter?«

»Na ja doch ...! Mutter hätte ooch eenen Urlaub nötig, Paule. Und drei Wochen ..., det is 'ne schöne lange Zeit ..., und det Erzjebirge, det is so schön weit vom Schuß. Wat Besseres könnte mir jar nich passieren ...«

»Dir?«

»Ick meine ... Muttern ...!«

Paule schien nich abjeneigt zu sein. Doch er blieb skeptisch: »Wetten, det sich Muttern für jenau so unersetzlich hält wie Elfi?«

Wenigstens versuchen wollten wir's. Natürlich galt es, eene jünstige Jelegenheit zu erwischen ...

Insjeheim hoffte Paule weiter, det er doch noch seine Elfi rumkriegen würde.

Am Ostersonnabend-Abend war Anni dabei, Peters Zimmer für den Urlauber herzurichten und sein Bette zu machen. Ihr eigenes Bettzeug hatte se schon fürs Sofa im Wohnzimmer bereitjelegt, ganz, wie ihre zukünftige Schwiegermutter es jewünscht hatte.

Da kam Peter reinjeschlichen, mit 'ner handlichen Kiste unterm Arm. Anni hopste ihm sofort an den Hals und knutschte ihn ab.

»Mensch, Anni ..., nich so stürmisch! Erst muß ick mein Osterei für die Familie verstecken!« keuchte der strapazierte Seemann und sah sich nach einem jeeigneten Versteck um.

Anni schnupperte vergnügt an der Kiste: »Räucheraale?«

»Hast 'ne feine Neese, Anni!« Dann schob er die Kiste unters Bett, erkundigte sich jedoch höflich: »Oder stört dich der Duft?«

Anni lachte: »*Ich* schlaf ja auf'm Sofa!«

Det kam für Peter natürlich jar nich in Frage. Also: Mutters Kommando zurück, Peter uffs Sofa, Anni ins Bette! Jetrennt marschieren und denn vereint schlafen.

Aber so janz nach Wunsch verlief die Nacht denn doch nich! Für keenen von uns!

Während Anni in ihrem hübschesten Nachthemde in Peters Zimmer liebevoll den Klubtisch mit zwee Sektgläsern und eener dicken Kerze schmückte und n' halben Liter Köllnischwasser uff'n Bettvorleger kippte, wegen die Aale, lag Martha neben mir im Bette und jrübelte im Schein der Nachttischlampe vor sich hin. Det ick ooch keene Ruhe finden konnte, war ja klar, jedenfalls mir!

Uff eenmal machte Martha den Mund uff und sagte: »Willi – wir müssen det Dachjeschoß ausbauen!«

Ausjerechnet vom Bauen mußte se anfangen. Vor Entsetzen konnte ick nur hauchen: »So …? Müssen wir …?«

»Wenn Peter und Anni heiraten, brauchen se 'ne Wohnung!«

Martha kam jar nich uff die Idee, det die Kinder vielleicht woanders wohnen wollten. Peter war eben een Dolle, und een Dolle jehört nu mal in Dolles Familien-Nest!

Ich machte nu den schwachen Versuch, det Thema uff die Neubauten zu bringen: »Vielleicht wollen se aber lieber in so'n schönes hohes Neuhaus …, neues Hochhaus … ziehen, Martha? Jrade für junge Familien bauen wir ja sowat …, äh …«

»Hör mir uff mit Hochhäuser, wo man den Tükken der Fahrstühle ausjeliefert ist! Nee, Willi, ich kann dir jar nich sagen, wie froh ick bin, det im Herbst der Kelch noch mal an uns vorbeijejangen is! Peter soll bei uns bleiben. Hier hat er allet, wat det Herze begehrt …, sojar det neue Naherholungszentrum, wenn's fertig is …«

Damit war für Martha det Thema erledigt. Sie drehte sich uff die andere Seite, knipste det Licht aus und wünschte: »Jute Nacht!«

Ick aber grübelte weiter, wie ick se bis zur Ratsversammlung aus'm Verkehr ziehen könnte.

Inzwischen saß Peter uff'm Sofa im Wohnzimmer, jewissermaßen sprungbereit, als Minna an de Türe kloppte und selber »Herein« sagte. Nicht jrade begeistert empfing sie der liebebedürftige Kurzurlauber: »Tante Minna? Is wat?«

Minna hielt hinter ihrem Rücken die Kraftfahrzeug- und Verkehrskunde bereit und säuselte treuherzig: »Kannst ooch nich schlafen, wat? Ich find ooch keene Ruhe, Peter …, wegen die Fahrschule, weeßte? Ich zerbrech mir schon zwee Stunden lang den Kopp, warum jeder Motor eigentlich Otto heißt? Kannste mir nich 'n kleenet bißken abhören?«

Prompt markierte Peter een Jähnen, det ihm fast der Unterkiefer ausjerastet wäre: »Ick bin todmüde, Tante Minna..., een anderes Mal jerne ...!«

Aber Minna ließ nich locker: »Nur'n bißken über die Verkehrsordnung, Peter ...! Im Verkehr wird soville jesündigt ..., du kennst dir da doch aus, du bist doch een junger Mensch ...!«

»Ick bin *müde*!«

Minna überhörte det: »Im Verkehr jibt's soville Sachen, uff die man achten muß ... Wenn da eener keene Ahnung hat, knallt et ... Und wenn's erst mal jeknallt hat, denn is et passiert ...!«

»Tante Minna – nach Straßenverkehr is mir wirklich nich zumute ...!« Aber Peter protestierte verjebens.

Minna rekapitulierte mit jeschlossene Oogen: »Vorsicht und jegenseitige Rücksichtnahme der Verkehrsteilnehmer sind die Grundregeln für das Verhalten im Verkehr ...«

Peter nutzte die jünstige Jelegenheit und schlich zur Tür, doch da machte Minna die Oogen wieder uff und deklamierte weiter: »Jeder Verkehrsteilnehmer muß die für ihn geltenden Verkehrsbestimmungen kennen, jewissenhaft einhalten und den Weisungen der Orjane Folge leisten ...!«

Wieder gähnte Peter demonstrativ und korrigierte: »Organe der Volkspolizei!«

»Sag ick doch: Die für den Verkehr zuständigen Organe! Also: Man muß den Orjanen Folge leisten ...!«

Wie jerne hätte Peter det jetan. Aber Minna kannte keene Rücksicht im Verkehr. Woher ooch?

Keen Wunder, det Anni in Peters Zimmer immer unjeduldiger und der Sekt immer wärmer wurde.

Auch Paule und Elfi hatten sich bereits zur Ruhe bejeben. Det heeßt, schlafen taten se ooch nich. Sie stritten sich wieder über det »Ferien-Problem«, wobei Paule sich unter der Decke uff'n Bauch drückte, als ob er seine Jalle am Überfließen hindern wollte. Janz behutsam stritt er geduldig: »Ick mein's jut mit dir, Elfi ..., ick will mit dir verreisen ..., und du? Du tust so, als wollte ick dir den Hals umdrehn.«

»Und ich *will* nich nur nich, ich *kann* ooch nich! Basta!«

Da machte Paule eenen letzten Versuch zur Jüte. Er beugte sich zärtlich über sein störrischet Weib und schmuste: »Is et denn een Verbrechen, wenn een Ehemann sein überarbeitetes Weib in persönliche Pflege nehmen will, Kleene?«

Elfi wehrte ihn irritiert ab: »Laß det, Paul!«

Paule lockerte den Druck uff seine Galle: »Darf ick dich nich mal mehr *küssen*?«

Elfi aber zog sich nur die Decke über'n Kopp: »Ick bin zu müde!«

Da ließ Paule seiner Jalle freien Lauf und brüllte: »Schade, det ick keen Lenin-Programm bin!«

Dann kletterte er wutschnaubend aus'm Bette, wollte zur Tür, kehrte aber noch mal um und schnappte sich sein Koppkissen ...

Inzwischen erschien Anni Peters Verhalten im Verkehr immer rätselhafter. Sie pustete also die dicke Kerze aus und schlich uff bloßen Füßen übern Korridor zum Wohnzimmer ...

Hier saß Minna uff'm Sofa und schnarchte, det offene Kfz-Lehrbuch in der schlaffen Hand.

»Und ick dachte schon, *du* wärst einjeschlafen!« flüsterte Anni.

Peter grinste: »Sie is beim Halteverbot einjepennt. Hoffentlich erscheinen ihr keene weißen Mäuse …«

Dann zog er Anni zur Tür, knipste det Licht aus und schmuste: »Na, denn wolln wir mal endlich uff *unseren* Parkplatz!«

Leider aber war die ersehnte Parklücke besetzt. Paule lag im Bett seines Sohnes und schnarchte jenau so schön wie vorher Minna!

Peter grollte: »Und sowat nennt sich nu jegenseitige Rücksichtnahme!«

Aber irgendwo mußte det junge Glück ja unterkrauchen. Und da Liebesnot besonders erfinderisch macht, nahm Peter die Sektflasche und die beiden Gläser mit, und 'ne Decke … und führte seine zögernde Anni uff direktem Wege runter uff'n Hof, wo im Schuppen neben Paules Garage Minnas funkelnagelneuer und jungfräulicher Trabant stand. Unverschlossen …! »Hier sind wir vor der Familie sicher.«

Die beeden kletterten uff'n Rücksitz, Peter entkorkte die Sektpulle, goß die Gläser voll und küßte seine schon halbjefrorene Anni: »Ick begrüße Sie an Bord und wünsche Ihnen einen anjenehmen Flug in den siebenten Himmel … Prost!«

Die beiden wollten schon trinken, als die Schuppentür knarrend jeöffnet wurde. Im vollen Mondlicht stand Minna da, wie een Jespenst! Mit jeschlossene Oogen tastete se sich zu ihrem Trabbi und setzte sich hinters Lenkrad.

Und ihre beeden Fahrjäste mußten voller Entsetzen zusehen, wie Minna sojar den Zündschlüssel zückte!

Minna setzte sich bequem zurecht und murmelte nu alle Arbeitsjänge wie am Schnürchen vor sich hin: »Starten … Kupplung … Rückwärtsjang … Kupplung loslasen … Gas jeben!«

Schon knatterte der Motor los … Und dann machte der Wagen eenen Satz nach hinten und rollte durch die jottseidank halboffene Schuppentüre uff'n Hof …

»Mensch, Peter, tu doch wat!« jammerte Anni. Und Peter hatte die einzig richtige Idee: Er warf sich übern Vordersitz und klammerte sich mit beide Hände an die Handbremse! Der Trabbi stand!

Minna gab Jas …, jab Volljas …, schaltete alle Jänge durch und wunderte sich, warum die Kiste nich weiterfuhr. Sie jagte den Motor uff die höchsten Touren und weckte damit det janze Haus!

Martha und icke waren zuerst uff'm Hof. Dann kam Jottlieb und rief: »Da klaut eener Minnas Auto!«

Nu kam noch Verstärkung durch Paule und danach Elfi. Und Elfi stellte fest: »Aber das ist doch Minna selber?«

»Wieso klaut die ihr Auto!« Na ja, Vater war noch nich janz munter.

Da wurde der Motor abjestellt, und Minna stieg aus. Mit noch immer jeschlossenen Oogen tastete se sich zurück zum Haus, an der staunenden Familie vorbei und murmelte jeisterhaft vor sich hin: »Ick muß zur Durchsicht …«

Nu kletterten ooch Anni und Peter aus dem Auto, unter diskreter Zurücklassung ihres Sektgelages. Und Martha rief erleichtert und mütterlich: »Bloß jut, det et nich jebumst hat!«

Da nu alle – außer Minna – munter waren, versammelten wir uns jeschlossen in der Gaststube, um uns mit eenem steifen Grog uffzuwärmen. Schließlich hatten wir alle nur unsere Nachthemden oder Pyjamas uff'm Leib.

Martha kredenzte den Grog besonders mißverständnisvoll dem Trabant-jeschädigten Liebespaar

Peter und Anni. Und prompt nahm sie den Vorfall zum Anlaß, ihre Idee vom Ausbau des Dachgeschosses weiterzuspinnen: »Wird höchste Zeit, det wir für euch Wohnraum schaffen, Peter! Wir bauen die Dachkammern aus, und zur Hochzeit könnt ihr in eure eigenen vier Wände einziehen ...! Und zu mir sagte sie: »Mit der Bewilligung der Baubehörde wird es ja keene Schwierigkeiten jeben, da bist du ja zuständig, nich?«

Und dabei kloppte se mir freundschaftlich auf de Schulter.

Ick war schon nahe daran, die Karten uff'n Tisch zu knallen, als mein maritimer Enkel von sich aus Protest einlegte: »Höchstwahrscheinlich ziehen wir nach Lütten-Klein!«

»Wohin?« staunte Martha, ungläubig und unwissend.

»Nach Rostock, Oma!«

»Wat wollt ihr denn in Rostock?«

Da grinste Peter mit überlegener Miene: »Aber Oma ..., denkste, ick such mir 'n Job hier bei der Weißen Flotte?«

Ick atmete schon innerlich uff, weil sich ja nu Marthas Baupläne erledigt hatten. Aber Martha gab noch nich uff. Sie zeigte mit'm Finger uff Anni und erklärte mit Nachdruck: »Aber Schönefeld liegt bei Berlin!«

Damit hatte se Anni nu uff ihrer Seite, denn für 'ne Stewardeß der INTERFLUG lag Rostock als Familien-Standort janz schön weit vom Schuß. Und uff eenmal war nu ooch noch det zukünftige Eheproblem des *jüngsten* Dolle vor aller Oogen so klar wie Kloßbrühe!

Paule legte nich untheatralisch die Hand uff die Schulter seines Sohnes und sagte: »Peter ..., nimm dir'n Beispiel an deine Eltern!«

»Ick werd mich hüten, Papa!«

»Jenau det wollte ick damit sagen!«

Nu fühlte sich Elfi jefordert: »Wo steht denn geschrieben, daß in der Ehe immer die Frauen nachgeben müssen? Das Gegenteil steht geschrieben! Auch in einer Ehe ist die Gleichberechtigung das Salz in der Suppe!«

Paule grinste verächtlich: »Und die Liebe ist die Spucke, wat?«

Da schluchzte Elfi vorwurfsvoll: »Faule Witze, det sind deine Argumente! Was Besseres fällt dir nie ein!«

Überraschend hob Gottlieb den Zeigefinger und erklärte: »Ick hab da een jutes Rezept jegen alle Eheprobleme: Klimmzüge! Ick stelle euch jern meine Reckstange zur Verfügung. Nach zehn Klimmzügen hat jarantiert keener mehr Luft, sich zu streiten!«

Manchmal hatte mein Vater richtig jute Einfälle. Und ick nahm den Jedanken auf: »Es jeht ooch mit Kniebeugen! Los, machen wir alle zwanzig Kniebeugen ..., und denn erzähl ick euch wat!«

Martha tippte sich an die Stirn: »Zwanzig Kniebeugen, Mensch!«

»Kannst ooch dreißig machen, Martha ..., wär sojar noch besser!«

»Warum kannste uns det nich *ohne* Kniebeugen erzählen?« wollte Paule wissen.

Und Peter lachte: »Ick versteh schon. Opa braucht 'ne total jeschaffte Truppe, der schließlich allet egal is. Stimmt's?«

»Jawoll, Peter. Es wär eben jesünder, wenn euch vorher die Puste wegbleibt als hinterher ...!«

»Nu erzähl schon, Willi!« drängelte Martha ahnungsvoll.

»Und ohne Fisimatenten!«

»Erst die Kniebeugen ...!« beharrte ick und machte den Vorturner. »Einze, zweie, dreie ...!«

Zuerst machte Jottlieb mit, Ehrensache! Dann folgten die Jungen, die das Janze mehr als Spaß nahmen. Schließlich turnten ooch Elfi und Paule mit, um nich als Spielverderber zu gelten. Und zuletzt bequemte sich denn ooch Martha, die aber erstaunlich jut in Form war!

Ick versprach mir von dieser Prozedur 'ne Art Galgenfrist, um mich endjültig zu entscheiden, ob ick der Familie die traurige Nachricht schon heute oder erst nach Ostern mitteilen sollte!

Leider war ick der erste, dem die Puste wegblieb. Nach der neunzehnten Kniebeuge taumelte ick uff den nächsten Stuhl und schnappte nach Luft.

Da hörten die anderen uff und standen herausfordernd vor mir. »Nu? Wat is, Willi?« japste Martha.

Tatsächlich war nu *mir* allet ejal. Und ick keuchte elegisch: »Wir werden abjerissen!«

Fast eene Minute lang japsten alle wortlos vor sich hin, um sich von den Kniebeugen und dem Schicksalsschlag zu erholen. Gottlieb erholte sich zuerst und krächzte empört: »Abjerissen solln wir werden? Mein ollet Schützenhaus?! Nur über meine Leiche!«

Ick linste vorsichtig uff meine Ehehälfte: »Über deine ooch, Martha?«

Martha preßte die Lippen zusammen und saß da wie 'ne Salzsäule! Aber sie kiekte mir an, als wäre ick schon die dritte Leiche, per Jattenmord!

Meine Schwiegertochter Elfi riskierte een Lächeln: »Warten wir doch erst mal die Ratsversammlung ab ..., jeder kann da seine Meinung sagen ...!«, und sie fügte hinzu: »Plane mit, arbeite mit, regiere mit!«

Jottlieb nickte höhnisch: »Und quatsche mit! Bloß nur nie nich dajegen!«

Da stand Paule uff und erklärte: »Also, Leute, ick will mir hier nich 'n Schnuppen holen, bevor ick in Urlaub fahre! Ick jeh wieder ins Bette! Komm, Elfi ..., oder willste noch immer, det ick alleene fahre?«

»Jetzt geht die Ratsversammlung vor, Paul!« Denn der Abriß betraf ja nu ooch die Stadtbezirkskultur und nich nur Dolles Familiennest!

Paule machte eene trotzige Verbeugung und schlurfte aus de Gaststube, drehte sich aber noch einmal zu seinem Sohn um und verkündete großmütig: »Ick schlaf uff'm Sofa!«

»Ay, ay, Sir ...!« rief Peter ihm fröhlich nach. Dann griff er zärtlich nach seine zukünftige Braut und flüsterte: »Sturmfrei is anjesagt!«

Aber Anni machte sich von ihm los, nahm ihre zukünftige Schwiegergroßmutter sanft beim Arm: »Komm, Mutter ..., ich schlaf bei *dir*!«

Widerstandslos ließ sich Martha abführen. Richtig unheimlich war det. Und Peter sagte zu mir: »Du hättest ihr det doch vielleicht 'n bißken schonender beibringen können ...!«

»Lieber mit Klimmzüge, wat?« knurrte ick. Aber sehr wohl fühlte ick mir nich in meiner Haut. Ick konnte nur hoffen, det Anni uff Martha einwirken würde wie'n Liter Baldrian!

Mein Vater aber stierte mir feindselig an und formulierte den denkwürdigen Spruch: »Abriß ..., det is nu der Dank dafür, det wir Dolles immer mit jutem Beispiel voranjekuscht sind!« Dann marschierte er aus der Gaststube: »Jute Nacht.«

Am nächsten Morgen setzte sich Paule mit nüchternen Magen, Jepäck und Skier in seinen Wartburg de Luxus und startete in dic Ferien, ohne sich von uns zu verabschieden! Nich mal von seine arme Mutter ...

Marthas Zustand machte uns allen Sorgen. Sie blieb im Bette und wollte keenen sehen. Schon jar nich mich! Und wollte ooch nischt essen ...! Da hängte Minna een Schild an de Türe von de Gaststube: »Wegen Krankheit geschlossen!«

Denn ohne Martha lief jastronomisch nischt.

Peter und Anni schnappten sich die verlassene Elfi und bummelten mit ihr in der Stadt rum, um se uff andere Jedanken zu bringen. Sie brachten Peter ooch zum Bahnhof, er mußte pünktlich zum Wecken wieder im Objekt sein!

Zu Hause jing ick meinem Vater nach Möglichkeit aus'm Weg, denn jedesmal, wenn er mich zu Jesicht kriegte, rannte er hinter seine Theke und nahm eenen Doppelten zur Brust, jegen die Wut! Danach schnappte er nach Luft und sagte zu mir: »Pfui Deibel!« Weiter nischt ...!

Sogar unserer Minna wurde det zuville: »Sauf nich so, Jottlieb ..., denk an deine Leber!«

Aber Vater stützte sich uff seinen Tresen, wie uff een Rednerpult, und dozierte knurrend: »Jetzt jeht et nich um meine Leber, jetzt jeht's um die Wurscht! Und die is mein ollet Schützenhaus ...!« Plötzlich zuckte er zusammen und rief: »Aua!« Und rieb sich den Bauch.

»Na, wat habe ick jesagt?« rief Minna besorgt. »Die Leber!«

»Quatsch, die Jalle is det!« ächzte Gottlieb.

Minna griff ihm unter eenen Arm: »Komm, Jottlieb ..., jeh nach oben, leg dir lang! Du sollst dir doch nich uffregen ... in deinem Alter!«

Gottlieb war tatsächlich schon ziemlich wacklig uff die Beene. Mit eener Hand stützte er sich uff die hilfsbereite Minna und mit der anderen drohte er mir: »Denk ja nich, det ick det Feld kampflos räumen werde, Willi! Bis zu meinem letzten Atemzug werde ick protestieren und uff de Barrikaden klettern ...!«

Dabei hatte Vatern überhaupt nischt mehr zu bestimmen in »seinem ollen Schützenhaus«, juristisch jedenfalls nich. Ich wagte jar nich, an die kommende Ratsversammlung zu denken und an die »positiven Diskussionsbeiträge der Familie Dolle«, die der Genosse Bürgermeister erwartete. Von Elfis Seite war nischt zu befürchten, schon von wegen der Parteidisziplin! Paule war in de Ferien. Und Minna würde ooch nischt uff de Versammlung sagen. Sie hatte merkwürdig gleichjültig reagiert, als se nachträglich vom Abrißplan erfuhr. Für Minna gab's im Moment nur *een* Thema: Ihre Fahrprüfung! Und die sollte genau am Tage der Ratsversammlung stattfinden. Nee, Martha war der Stolperstein. Und ick wußte jenau, det ick den nie aus'm Weg kriegen würde, wenn ick ihn nich in Wohljefallen auflösen könnte. Während Jottlieb nu sein Nickerchen machte, schlich ick mir ruff zu unserem Schlafzimmer ... Ick mußte Martha sprechen. Ooch uff die Jefahr hin, det se mir de Nachttischlampe an' Kopp schmeißt ...

Martha aber regte sich nich. Noch immer preßte se die Lippen uffeinander und starrte an de Zimmerdecke. Und wieder mußte ick an die berühmte Salzsäule denken. Wie löst man sowat bloß uff?

Ick setzte mir vorsichtig uff die Bettkante und versuchte mein Glück: »Mensch, Martha ..., nu stier doch nich dauernd so an de Decke ...! Man könnte meinen, du trainierst schon uff'n Sarg, du ... Soll'n wir nich lieber doch 'n Doktor holen? Ich hab dir noch nie so rumliegen sehen, ollet Mädchen ... Immer warste eene Betriebsnudel ... Und nu uff eenmal steckste den Kopp in' Sand, wie'n erschrecktet Vögelchen in der Wüste, meine Kleene ...«

Da fauchte Martha überraschend: »Mit dir verkehr ick nur noch schriftlich!«

Na, immerhin een Lebenszeichen. Ick war richtig erleichtert und grinste: »Det macht nischt, Martha ..., in England gab's mal een Ehepaar, die haben nur schriftlich miteinander verkehrt und trotzdem vier Kinder jekriegt ...!«

»Jawoll, mach du nur deine faulen Witze. Wirst schon sehen, wat du davon hast!« schluchzte Martha bitter und suchte nach'm Taschentuch.

Ick jab ihr meins: »Denkste denn, der Mond geht unter, der jeht nich unter, der tut bloß so ...!«

»Wat soll denn *det* nu wieder heißen?«

Ick versuchte, wie een Lockvogel zu säuseln: »Von der Abfindung könnten wir uns een *neues* Häuschen bauen ..., könntest 'ne Eisdiele uffmachen ... oder sowat ...«

Da schluchzte Martha erst richtig los: »Vierzig Jahre wohnen wir nu schon hier ... Vierzig Jahre habe ick mir abjeschuftet ..., bis ick die beste Jaststätte im janzen Stadtbezirk war! Und uff eenmal heißt et: Weg damit! ... Wat sind vierzig Jahre Arbeet ... Sorgen ..., Tränen ... und Schweiß? Sowat zählt eben nich bei de Stadtplaner!«

»Ick verstehe dich ja, Martha.«

»Ach nee? Und deshalb verlangste wohl ooch von mir, det ick freundlich grinse, wenn man mir det Herze aus'm Leibe leiert?«

»Det verlangt doch keener, Martha.«

Da trocknete sich Martha die Tränen und erklärte energisch: »Ick werde jedenfalls nich tatenlos zusehen, wie se meinen Besitz dem Erdboden gleichmachen!«

»Verjiß nich, Martha – die Hälfte davon jehört mir!«

»Du hast dich doch nie um deine Hälfte gekümmert! Immer haste se *mir* überlassen! *Ick* habe für allet jesorgt ... und geradejestanden ... In juten und in bösen Zeiten! Also komm mir jetzt nich wieder mit deine Hälfte, du ...!«

Ick versuchte es noch eenmal: »Mensch, Martha – wir bekommen eene dicke Entschädigung.«

Martha schüttelte verächtlich den Kopp: »Det du so jar nich mit deinem Vaterhaus verwurzelt bist, Willi? Det du so einfach allet wegschmeißen kannst? Det ..., det is nich *normal*!« Ick sah ein, det mit Martha weder mündlich noch schriftlich zu reden war. Trotzdem erkundigte ick mir sicherheitshalber: »Wirste dir uff der Versammlung zu Worte melden, Martha?«

Martha schüttelte energisch den Kopp, kniff wieder de Lippen zusammen und zischte: »Ick bleib im Bette!«

›Na, jottseidank!‹ wollte ick schon sagen ..., aber dann plagte mir der Argwohn: »Ick denke, du willst *kämpfen*? Willste det im Bette ...?«

»Jenau!«

Und ick traute meinen Ohren nich, als Martha nu von Ghandi quasselte ... Der wäre ihr jroßes Vorbild ... Hungerstreik im Bette! Eenen Tag hatte se schon fast rum!

Det sollte also Marthas »Diskussionsbeitrag« für die Ratsversammlung sein! Wenn sich det rumsprach, nich auszudenken! Ick jing runter ins Büro und telefonierte mit unserem Hausarzt in de Poliklinik, der natürlich uff Osterurlaub war.

Mit dem Notarzt wollte ick det delikate Krankenbild meiner Frau nich besprechen, der kannte die Familie nich ...! Die Schwester versprach mir, gleich Montag morgen unsern Doktor nach »Gärtnerslust« in Marsch zu setzen! Danach jing ick wieder zu Martha ruff und nahm eene Tafel Schokolade mit, Zartbitter.

»Hier, Martha ..., Schokolade darfste!«

»Det könnte dir so passen!« grollte Martha trotzig.

»Ick weeß nich, wat Ghandi jenascht hat ..., aber ick weeß, det et früher Hunger*künstler* gab ..., die hungerten hinter Glas und ließen sich für Geld sehen ... Eenen Monat lang ... oder so ... und fraßen nur Schokolade!«

»Schöne Hungerkünstler!« sagte Martha verächtlich.

»Jawoll ... Schokolade fressen und trotzdem dabei abspecken, det is eben die Kunst, Martha ..., wirst sehen!«

Ick legte ihr die Tafel Schokolade uff'n Nachttisch und wünschte ihr eene jute Nacht.

Am nächsten Morjen blieb ooch Jottlieb im Bette. Aber nich aus Solidarität mit Martha, sondern weil er seinen Kater pflegen wollte. Von den vielen Doppelten, die er meinetwegen jekippt hatte.

Schon im Morgengrauen krähte er mit de Hähne um die Wette, nach Minna und seine jeliebten Rollmöpse!

Aber Minna konnte keene Rollmöpse finden, weder in de Kühltruhe noch in der Jaststube uff'm Tresen!

Ick hatte sofort Martha im Verdacht!

Die Nacht hatte Elfi bei der Hungerkünstlerin jeschlafen, in meinem Bette. Anni mußte ja wieder zum Dienst!

Als ick ins Schlafzimmer kam, war Martha wach. Aber Elfi schlief wie een Murmeltier im Winter.

Uff'n ersten Blick sah ick, det die Tafel Schokolade von Marthas Nachttisch verschwunden war: »Aha ..., hast also de Schokolade jenascht ... und Opas Rollmöpse dazu. Schöner Hungerstreik!«

»Psst, nich so laut, Willi!« wisperte Martha und

zeigte eifrig mit'm Finger uff Elfi: »Elfi war det ...! Ick jebe ja zu, ick wollte die Schokolade essen, weil mir der Magen zu laut knurrte ..., damit Elfi nich uffwacht ...! Aber da war die Schokolade schon alle! Von Rollmöpse weeß ick nischt!«

Neben meiner Betthälfte stand een leeres Weckglas uff'm Bettvorleger. Ick zeigte es Martha und flüsterte: »Schokolade und Rollmöpse! Een komischer Jeschmack ...!«

Da richtete sich Martha jäh im Bette uff und starrte uff die schlafende Elfi: »Mein Jott ..., det is doch nich möglich? In dem Alter noch?«

Ick mißverstand natürlich: »Wat willste? Opa frißt doch *ooch* noch Rollmöpse ...«

»Aber er hat noch nie een Kind jekriegt, Willi!«

Jetzt fiel bei mir der Groschen. Und es klingelte mir in de Ohren wie 'ne Ladenkasse. Es war aber unten an de Türe. Unser Hausarzt, Doktor Mett!

Der kam wie jerufen. Und det war er ja ooch.

Zwischen Angel und Tür konnte ick ihn jrade noch so informieren: »Jut, det Sie jekommen sind, Doktor ..., meine Frau hat'n Bock, und meine ...«

»Schock, meinen Sie ...!«

»Nee ..., det heißt, vielleicht hat se den ooch ... Sie wird Großmama ..., sagt se ..., äh ... Sie müssen ihr det ausreden ..., weil se im Bette bleiben will.«

Aber Doktor Mett hörte mir schon jar nich mehr zu und verschwand im Krankenzimmer.

Ick folgte ihm mit jemischten Jefühlen und konnte nur hoffen, det Martha nich wieder von Ghandi anfing.

Aber Martha war plötzlich wieder janz jesund, wickelte sich in ihren Schlafrock und bemühte sich, Elfi wachzukriegen ...! Doktor Mett brauchte jar keene Diagnose zu stellen, die hatte Elfi nämlich schon seit 'ner Woche in der Tasche, von der Frauenärztin: Schwangerschaft im vierten Monat! Nach zwanzig Jahren wieder 'n Kind kriegen. Da weeß man natürlich nich, wie man det seinen Leuten beibringen soll. Besonders vor Paule hatte Elfi mächtigen Bammel jehabt ... und jeschwiegen!

Während Martha vor Rührung losheulte, versuchte ick, die Stimmung etwas zu heben: »Na ja, so'n Klapperstorch is eben ooch nur'n Mensch, der wird eben ooch mal älter und sieht nich mehr so jenau, wo er hinschnappt ...«

Det Schönste an der janzen Sache aber war, det Martha ihren Hungerstreik verjaß und sich nur noch der schwangeren Elfi widmete.

Doktor Mett riet dringend zu einer Kur und wollte schon eene verschreiben, da kam Martha uff die Idee, Elfi einfach ihrem Paul in die Ferien nachzuschicken, per Bahn! Quartier hatte se ja ...! Elfi war einverstanden. Sie dachte nich mehr an die Ratsversammlung, genau wie Martha – wat man andere Umstände nennt!

Martha half der werdenden Mutter beim Packen und spendierte een Taxi zum Ostbahnhof. Dann hieß es »Grüß Paule« und winke winke ..., und Elfi rollte gen Karl-Marx-Stadt ...

Mit nur zwei Stunden Verspätung kam se spät abends in Oberwiesenthal an und stapfte mit ihrem Koffer die letzten hundert Meter durch'n Schneematsch ins FDGB-Heim »Zum Silberblick«.

Der Heimleiter empfing sie mit den tröstenden Worten: »Der nächste Sommer kommt bestimmt, Frau Dolle!«

Dann drehte er sich zum Schlüsselbrett: »Zimmer siebenundzwanzig? Der Schlüssel hängt nicht. Demnach ist Ihr Gatte schon auf seinem Zimmer. Kommen Sie, ich bringe Sie hinauf!«

Er nahm Elfis Gepäck und geleitete die erschöpfte Urlauberin zur Treppe: »Ein sehr schönes Zimmer ... mit herrlicher Aussicht ...!« Dann klopfte er an die Zimmertür 27: »Kollege Dolle? Besuch für Sie ...!«

Die Tür war offen. Der Schlüssel steckte. Aber keen Paule!

»Vielleicht ist er noch im Saal? Oder in der Bar? Wollen Sie auch noch etwas essen, Frau Dolle? Warme Speisen gibt's allerdings um diese Zeit nicht mehr ...!«

»Danke, ich habe im Speisewagen gegessen!«

»Oh ...!« reagierte der Heimleiter mit teilnahmsvollem Blick.

Elfi wollte auf dem Zimmer bleiben.

»Wenn Sie noch irgendeinen Wunsch haben?«

»Ja, den hätte ich allerdings: Verraten Sie meinem Mann bitte nicht, daß ich hier bin!«

Mit verstehendem Lächeln zog sich der Heimleiter zurück.

Elfi knipste das Licht aus, legte sich angekleidet aufs Bett und schlief sofort ein.

Unten an der Bar hockte Paule als letzter Gast und führte Seelenjespräche mit dem müden, aber verständnisvollen Barmixer, den alle nur Heini nannten.

Der gähnte diskret: »Sie sollten langsam an Ihr Bett denken, Kollege Dolle ...!«

Paule seufzte tragisch: »Denk ick ja, Heini ..., ans Bette denk ick ja die janze Zeit!«

Er schob sein leeres Glas über den Tresen: »Noch eenen Seelentröster!«

Der Barmann jehorchte nur ungern: »Also gut ..., aber dann geht's in die Heia –!«

Paule lallte bedeutungsvoll: »Allein ... oder nich allein, det is hier die Frage! Hamlet ...!«

Heini lächelte milde: »Die Kollegin Boche schläft bestimmt längst ...!«

Wehleidig schüttelte Paule den Kopp: »Ick könnte ihr Vater sein ...!«

»Sie sind es aber nicht, Kollege!«

Da zog Paule eene zusammenjefaltete Papierserviette aus der Brusttasche, entfaltete sie feierlich und schob sie dem ahnungsvollen Mixer hin: »Hier, Heini ..., det hat se beim Abendbrot jedichtet ..., auf 'ne Serviette ..., so aus'm Hut ...«

Heini warf eenen kritischen Blick uff die Dichtung: »Mehr aus'm Bauch, glaube ich ..., hm ...«

»Lesen Se, ick kann's schon auswendig ...!«

Gehorsam entzifferte Heini nun die Abendbrot-Ballade:

»In deinen Armen ...
nur eine Nacht ...,
wen kümmert's?
Nicht die anderen –!
Moral –?
Schwäche der Dummen!
Scheuklappen –!
Wir scheuen uns nicht
vor dem Rausch
Liebe!
Jugend
zählt nicht nach Alter ...,
du kannst,
wenn du willst,
ich weiß –
löse dich von den Ketten –
für eine Nacht ...,
dann geh –!«

Ohne Kommentar schob der Barmann die bedichtete Serviette über den Tresen zurück, sein müder

Blick drückte Mitleid aus. Paule faltete det Papier wieder zusammen und seufzte: »Is det nu Liebe?«

»Jedenfalls ein Problem, Kollege!«

»Aber auch Kunst ... Dichtkunst! Dabei sieht man der Kleenen det doch jar nich an ..., det se bloß spinnt ...! Wenn se ooch im März wieder Aktivistin jeworden is, als vorbildliche Spinnerin ... Joethe, dem sah man die Kunst an, nich wahr? Aber die Kollegin Boche ..., Eva-Elvira Boche ..., die sieht nich aus wie Joethe ..., äh ..., ick meine ..., die sieht aus wie du und icke ..., wie 'ne janz normale einfache Werktätige ... Aber sie is so janz anders wie meine Frau ..., nich nur äußerlich ..., ooch von innen ...! Evchen hat nischt im Kopp ..., aber ooch jar nischt von dem, wat meine Elfi so im Koppe hat ... Nich ein Wort von Lenin in ihre Jedichte ... oder vom 20. Jahrestag der Republik ... Und dann dieser Sex, dieser sächsische Sex ...!«

Wieder hatte Barmann Heini einen passenden Scherz auf den Lippen: «Und ihr Gipsbein nicht zu vergessen, Kollege!«

An det Jipsbeen von diese reizende Spinnerin aus Mittweida hatte Paule jar nich mehr jedacht. Und er sah nu neben seinem seelischen ooch noch en technischet Problem: »Nee, so'n Jipsbeen, det stört ..., besonders im Bette. Damit sind die Würfel jefallen, Heini ...!«

Und ehe der es verhindern konnte, schnappte sich Paule die Seelentrösterpulle und erklärte mannhaft: »Een Kavalier bejießt ... und bleibt! Prost, Heini ..., uff die Liebe!«

Inzwischen kloppte det bewußte Jipsbeen oben übern Korridor, bis Zimmer Nummer 27 ...! Det Jebumse weckte die meisten Jäste uff, nich aber die schnarchende Elfi. Die wurde erst wach, als sich jemand zu ihr ins Bette legte und wat Schweres uff die Bettkante knallen ließ. Zuerst gloobte se an eene Art Alptraum und traute ihren erwachenden Ohren nich, als eene weibliche Stimme in jebundener Sprache säuselte, noch dazu in sächischer:

»Liebesworte –!
Blütenblätter
auf frischem Schnee
kein Welken
Ewige Jugend –
Liebesworte!
Liebe –!
Lava
aus frischem Vulkan
glühende Asche
Basalt
Ewiges Alter!
Sehnsucht –!
Sucht
der Suchenden
nach dem Sichfinden
Ewiger Atem
Leben!
Sehnsucht –!

Dann wisperte die Sächsin: »Nu, mei' Baulemännel …, hab'ch für dich gedichtet … als Betthupfer …!«

Da richtete sich Elfi endlich, so gut es ging, auf: »Paulemännel?«

Mit einem Schrei des Entsetzens sprang die lädierte Dichterin aus dem Bett und knallte det Jipsbeen uff de Dielen: »Aua!«

Elfi knipste det Licht an und war endlich hellwach.

Empört fixierte sie die Besucherin und stellte

fest: Sehr hübsch, sehr jung und sehr sparsam bekleidet!

Eva-Elvira Boche humpelte verschämt zur Tür: »Entschuld'chen Se, Gollächin, ich habe mich in der Düre geirrt!«

Aber Elfi war schon auf den Beinen: »Ich glaube kaum, daß es auf dieser Etage noch mehr ›Baulemännels‹ gibt, Frollein ...?!«

»Boche ..., Eva-Elvira Boche ...!«

Streng erklärte Elfi: »Und mein Name ist Dolle!«

Da verklärte sich Evchens Gesicht zu einem herzlichen Lächeln: »Das freut mich aber ... Ihr Mann hat mir schon so viel von Ihnen erzählt ..., und von Ihrem Guldurhaus ... in Berlin ...

Elfi hörte gar nich hin, griff nach ihrem Koffer, der ja noch unjeöffnet war, und schnappte sich ihren Mantel.

»Aber, Frau Tolle ..., wo wollen Sie denn hin? Jetzt midd'n in der Nacht?«

»Jedenfalls nicht in fremde Betten!« fauchte Elfi und marschierte mit ihrem Koffer zur Tür, die gerade vom total besoffenen Paule jeöffnet wurde. Höflich wankte er zur Seite und lallte: »Ju'n Abend ...!«

Doch Elfi drängte sich an ihm vorbei, ohne ihn eines Blickes zu würdigen, und verschwand im Korridor.

Paule trat nu erstaunt ins Zimmer: »Wer war denn *det* –«

»Deine Frau!«

»Ach so, meine ..., meine *Frau*?«

Schon riß er die Tür wieder uff, hielt sich am Türrahmen fest und brüllte in den Korridor: »Elfi ...?! Elfiiiii ...?!!«

Und wieder wachten fast alle Jäste uff, denn es war schon zwölfe durch. Und die Affäre wurde nu zum Nachtjespräch des jesamten Durchjangs. Nach den täglichen sportbedingten Arm- und Beinbrüchen endlich mal'n Ehebruch! Sowat hatte der »Silberblick« lange nich mehr jesehen!

Unten wollte jrade der Heimleiter det Haus abschließen, als Elfi mit'm Jepäck die Treppe runterkam und sich nach'm nächsten Zug erkundigte. Den hatte der Heimleiter im Kopp: »Drei Uhr dreißig, Berufsverkehr!«

Dabei schloß er unwillkürlich die Türe wieder uff und wunderte sich ebenso unwillkürlich: »Was ist denn passiert, Kollegin? Wo wollen Sie denn hin?«

Nu kam Paule die Treppe runterjewackelt und röhrte: »Elfi ..., komm sofort zurück!!«

Aber Elfi war schon draußen.

Der Heimleiter stellte sich dem betrunkenen Othello in den Weg: »Kollege Dolle, also ... das muß ich Ihnen aber sagen ..., Sie haben hier bei uns einen Prämienplatz für besondere Leistungen ..., das berechtigt Sie aber nicht ...!«

»Wo is se hin??«

»Zum Bahnhof, nehme ich an ...!«

»Lassen Se mich raus ..., ick hol se noch ein ...!«

Paule rüttelte an der Türklinke. Die Knie wurden ihm weich.

Der Heimleiter stützte ihn: »Seien Sie doch vernünftig, Kollege ..., es hat jefroren ..., es ist spiegelglatt ..., wollen Sie sich auch noch die Knochen brechen?«

Aber Paule raffte sich uff, holte tief Luft und schlitterte in die Winternacht hinaus ...!

Achselzuckend blickte ihm der Heimleiter nach und schloß det Haus wieder ab.

Zum Frühstück kam Paule zurück. Per Krankentransport!

Na ja, een Jipsbeen kommt selten alleene!

Zur selben Zeit saß Elfi ahnungslos im Wartesaal Dresden-Hauptbahnhof ... Und ebenso ahnungslos bereiteten wir uns zu Hause seelisch uff die Ratsversammlung im »Volkshaus Adolf Glaßbrenner« vor.

Bis uff Minna. Die bereitete sich uff ihre heutige Fahrprüfung vor, indem se schon zum Frühstück keenen Bissen runterkriegte.

Um so mehr Appetit entwickelte Martha nach ihrem eintägigen Hungerstreik. Sie war wieder janz obenauf und jedachte, als Diskussionsbeitrag die Frage nach dem »Mitregieren« aufzuwerfen. Und Gottlieb wollte alle Jartenfreunde um sich scharen, als »Trümpfe«, um »Kontra« jeben zu können: »Jetzt hilft nur noch ›die Zähne zeigen‹ ... Aber wenn ick se alleene zeige, det jenügt nich ..., det sind zu wenig.« Und Jottlieb schluckte drei Zuckereier runter, um seine Stimme für den Einsatz am Nachmittag jefügig zu machen. Die Ratsversammlung war am frühen Nachmittag anjesetzt. Kurz vor Bejinn schnappte ick mir also unseren Bürgermeister Butt und steckte ihm Marthas und Jottliebs jeplante Diskussionsbeiträge, berichtete ihm aber ooch von Elfis und Paules Abwesenheit und von Elfis anderen Umständen, zu denen er mir herzlichst jratulierte: »Wann soll's denn soweit sein, Willi?«

Ick mußte erst mal nachrechnen: »Na, so September, Anfang Oktober ...«

»Zum 6. Oktober, bitte ick mir aus!« grinste Butt und fügte hinzu: »Neues Leben wächst aus Dolles Ruinen ...«

Damit waren wir wieder beim Thema. Und prompt jesellte sich die Projekt-Tante Krümel zu uns. Und wieder jratulierte mir der Jenosse Bürjermeister, weil ick als Lehrausbilder so jute Kader wie Krümel uff'n Wohnungsbau losjelassen hatte! Und nu nahte Martha, jerafft, jeballt, jestützt, um die Honnörs zu machen. Jewissermaßen war se ja so'ne Art Frau des Hauses. Nu jratulierte Butt ooch ihr zum kommenden Nachwuchs, und ick machte se mit Krümel bekannt.

»Na sowat?« staunte Martha und zog die Augenbrauen in die Höhe. »Ick wußte jar nich, det Sie bei meinem Mann ooch det *Abreißen* jelernt haben?!«

»Wo Altes dem Neuen im Wege steht, gibt es leider keine andere Möglichkeit, Frau Dolle ...!« lächelte Krümel.

»Na, det wolln wir ja erst mal sehen!« erklärte Martha streitlustig und ging weiter zu Piephahn, dem Vorsitzenden der Jartenfreunde.

»Na dann: Auf in den Kampf!« meinte Butt, und wir jingen langsam in den Saal, der schon jerammelt voll war.

Und ick sah meinen Vater in de erste Reihe sitzen, direkt vorm Rednerpult, dem schönen Leitspruch »Schöner unsere Hauptstadt, mach mit!« und dem Modell der neuen Jartenstadt! Zuletzt kam Piephahn rein, aber ohne Martha ...! Nanu? Ooch Jottlieb reckte vergeblich den Hals zur Türe. Keene Martha! Bis sich nu uff dem Podium eene Art Vorstandstisch formiert hatte, mit Butt als Vorsitzendem, hatte ick noch Zeit, nach Martha zu sehen. Ick schlich also aus'm Saal ...

Draußen stand een Taxi mit 'ner Karl-Marx-Städter Nummer. Und beim Taxi standen Paule und eene junge Dame, jeweils uff een Jipsbeen jestützt. Martha bezahlte det Taxi, weil Paules Jeld nich reichte ... Dann half Martha ihrem humpelnden Sohn zur Gaststube, und ick jriff der jungen Dame hilfreich unter eenen Arm: »Jestatten, Dolle ..., Willi!« (Denn ick machte ja jetzt erst ihre

Bekanntschaft und hatte noch von nischt 'ne Ahnung!)

Der Taxifahrer brachte det Jepäck der beiden Invaliden nach. Und Minna sollte ihm noch 'ne warme Mahlzeit bringen, wat ihr jar nich paßte, denn ihre Fahrstunde sollte bald losjehen.

Paule und seine Begleiterin nahmen am Familienstammtisch Platz, und Martha erkundigte sich besorgt: »Mensch, Paule ..., wat is denn bloß passiert?«

»Nischt!«

»Nischt packt man nich in Jips!« stellte die besorgte Mutter herausfordernd fest. Und fragte mit eenem Blick uff det Jipsbeen der jungen Dame: »Seid ihr beede mit de Skier zusammenjeknallt?«

Paule schüttelte wehleidig den Kopp: »Hol Elfi, Mutter ... Ick will nich allet doppelt und dreifach erklären!«

»Elfi?«

Weder Martha noch icke wußten, wat mit Elfi zu dieser Stunde los war. Laut Paule müßte Elfi längst zu Hause sein. Sie hatte ja den ersten Zug heute morgen jenommen!

Martha verjaß immer mehr die Ratsversammlung nebenan im Saal. Sie witterte eene Familientragödie. Sie rief Minna an 'n Tisch, die jrade dem Taxifahrer det Essen servierte und dabei nur unentwegt an die Paragraphen der StVO dachte.

»Minna ..., deine Nichte is überfällig!«

»Reg mir bloß nich mit wat uff, Martha ... Sowat wirkt wie Alkohol am Steuer! Det kann ick mir heute nich leisten!«

Und damit schob Minna ab, zu ihrer Fahrstunde, die der Fahrlehrer sicherheitshalber noch vor der Prüfung anjesetzt hatte!

Paule und die Spinnerin aus Mittweida schilderten nu die Vorkommnisse, die zu Elfis plötzlicher

Abreise jeführt hatten. Und Martha verjaß darüber janz, ihrem Sohn von Elfis später Schwangerschaft zu erzählen!

Inzwischen referierte im Saal die Abteilungsleiterin im Baukombinat, Franziska Neubauer, über det Projekt »Neue Jartenstadt« und erläuterte dabei den Jartenfreunden det Modell. Und alle reckten die Hälse, weil sich keener 'n Opernkieker mitjebracht hatte ...

»Wir haben hier das Modell aufgestellt und werden im Saal ein Informationszentrum einrichten, damit sich jeder Bürger über die künftige Gestaltung des Wohnviertels informieren kann ...!«

Da kam von Piephahn een Zwischenruf: »Die Jartenfreunde wollen lieber wissen, wo se sich über neues Pachtland informieren können. Ohne neues Pachtland räumen wir hier nischt!«

»Bravo!!« kam es in der ersten Reihe aus dem eierjeölten Halse meines Vaters.

Butt hob die Hand: »Lassen wir doch erst die Kollegin Neubauer ausreden, Gartenfreund Piephahn. Zum neuen Pachtland kommen wir später ...!«

»Hoffentlich!« grunzte der oberste Jartenfreund.

Und Krümel referierte nu weiter: »Unser Projekt umfaßt Wohnungen für achttausend Menschen, Schulen, ein Ambulatorium, Kindergärten und Krippen, ein Veteranenheim, ein neues Kulturhaus und eine Mehrzweckgaststätte ...!«

Da kam es wieder aus der ersten Reihe: »Hört, hört! Eene lumpige Kneipe für achttausend Leute?!«

Vereinzelt kam Beifall auf. Butt bat um Ruhe: »Die Debatte ist noch nicht eröffnet, Kollege Dolle!«

Aber Jottlieb blieb nich ruhig: »Ick laß mir doch nich in meinem eigenen Haus det Maul verbieten, ooch nich von dir, Jenosse Butt!«

Krümel blickte irritiert uff ihren Vorsitzenden. Aber Butt ließ sich nich aus der Ruhe bringen: »Die Besitzverhältnisse sind klar, Gottlieb! Du bist ehemaliger Gastwirt und ehemaliger Inhaber des ehemaligen ›Schützenhauses‹!«

Det riß Gottlieb vom Sitz hoch: »Ehemalig? Ick bin noch sehr jegenwärtig, jawoll!!«

Und er drehte sich zum Publikum um, det ihm wieder Beifall spendete, und verbeugte sich nach allen Seiten.

Krümel benutzte die Jelegenheit, verschwand von der Bühne und holte mich aus der Jaststube: »Ihr Vater macht Krakeel.«

Jottseidank war Martha zu sehr mit Paules und Eva-Elvira Boches Abenteuer beschäftigt, um ihrem Schwiegervater zu Hilfe kommen zu können. Krümel entführte mich also in den Saal zurück, direkt an den Vorstandstisch, wo ick nu neben Butt Platz nehmen mußte. Butt bejrüßte mich offiziell: »Ich begrüße nun auch unseren Abgeordneten und Vorsitzenden der Ständigen Kommission Bauwesen beim Rat des Stadtbezirkes, den Kollegen Willi Dolle!«

Für mich kleckerte der Applaus ziemlich kümmerlich.

Vater stand uff und beugte sich über de Rampe. »Wo steckt Martha?« wollte er von mir wissen.

Ich riskierte nu eenen Versuch, Vatern loszuwerden, und beugte mich diskret zu ihm runter: »Martha is in der Jaststube ... Paule hat sich 'n Been jebrochen ..., und Elfi is überfällig ..., und Paule hat'n Kurschatten dabei ..., ooch mit'm Jipsbeen ...! Du solltest dich lieber um deine Familie kümmern, Vater ...!«

Tatsächlich wurde Jottlieb unwillkürlich neugierig, wollte uffstehen, blieb aber in der Hocke und zögerte: »Willste mir verarschen?«

»Überzeug dich doch!«

Da setzte sich Gottlieb uff'n Platz zurück: »Ick bin ooch ohne Martha Manns jenug!«

Butt lächelte: »Also ..., wo waren wir stehengeblieben?«

»Bei eurem Freß-Schuppen für achttausend Leute!«

Nee, Jottlieb fühlte sich nu als Einzelkämpfer, nu jrade!

Er stand wieder auf, faßte sich mit großer Jebärde an 'n Kopp und wandte sich an det Auditorium: »Is doch nich zu fassen, Herrschaften! Eene einzije Kneipe für achttausend Leute. Sowat zu planen ..., det ..., det is doch optimaler Blödsinn ..., jawoll!« Dann wandte er sich uns am Vorstandstisch zu: »Da könnt ihr ja gleich im Wohnjebiet die Probation einführen, wie det mal in Amerika war ...!«

Wieder kam Applaus auf, und Gottlieb fuhr fort: »Früher, zu meiner Zeit, da jab's an jeder Ecke 'ne Kneipe, wo die Leute in aller Jemütlichkeit ihr Bier stemmen konnten, sogar im Stehen ...!«

»Weil die Kneipen eben jemütlicher waren als die verwanzten Wohnungen der Arbeitslosen!« agitierte Jenosse Butt zurechtweisend. Krümel schlug eenen versöhnlicheren Ton an: »Aber Herr Dolle ..., schauen Sie sich das Modell doch mal genauer an: Die Mehrzweckgaststätte bietet vierhundert Gästen Platz ... Das ersetzt ungefähr sechs Eckkneipen alten Stils.«

»Trotzdem, det reicht nich aus! Wat wir brauchen, is mindestens noch eene Jaststätte mehr dazu, jawoll! Und deshalb is et hirnrissig, unser ›Volkshaus‹ abreißen zu wollen! Seit fast siebzig

Jahren sind wir hier die renommierteste Jaststätte am Ort! Sowat reißt man nich einfach ab! Sowat, det hat Tradition!«

Da meldete sich wieder der Vorsitzende Piephahn: »Uns Jartenfreunde interessiert nich mehr, wie ville Kneipen es hier jeben soll, wir wollen wissen, wo wir nu mit unsere Karnickel und unser Federvieh hinsollen, Herr Bürgermeister! Und wieville Entschädigung jezahlt wird!«

Butt nützte die jünstige Jelegenheit, um uff diese Frage einzujehen, damit Jottlieb stille blieb.

Die Abfindungen würden sehr großzügig ausfallen, weil ja die Pachtverträge vorzeitig jekündigt werden mußten ... Und neues Siedlungsland für die Jartenfreunde stände ooch zur Verfügung, wenn ooch nich so verkehrsjünstig jelegen wie das jetzige »Gärtnerlust« ... Auch gäbe es in zunehmendem Maße Anjebote von Fertiglauben mit günstigen Krediten ...

Da muckte Jottlieb uff und höhnte: »Jratuliere ... Könnt ihr eurer neuen Kleinjartenanlage 'n schönen Namen jeben: Butts Kolonie Schlaraffenland!«

Diesmal erntete er keenen Beifall, denn die Jartenfreunde wollten bei *ihrem* Thema bleiben. Und ick warnte meinen Vater in aller Jüte: »Hör endlich uff, hier rumzustänkern, Vater, det führt doch zu nischt!«

Da marschierte Jottlieb aus'm Saal und drohte lauthals: »Ick hole Martha!«

Am Vorstandstisch atmete allet erleichtert auf, und Butt konnte nu unjestört weiter die Jemüter der Jartenfreunde für sich jewinnen.

In der Gaststube war keene Martha, keen Paule und keene Minna. Nur die lyrische Spinnerin aus Mittweida hatte es sich mit ihrem Jipsbeen uff der

Ofenbank jemütlich jemacht und verdrückte jrade eene Bockwurscht.

Jottlieb sah sich wütend um und rief: »Martha?«

»Die bringt ihr Baulchen ins Bedde, weil ihm das Bein so weh tut ...!« gab Eva-Elvira Boche freundlich Auskunft.

»Wie bitte??« erkundigte sich Jottlieb, der keen Wort verstanden hatte.

»Sind Sie der Oba?« wollte nu die hübsche Sächsin wissen.

»Ick bin hier nich der Ober! Wenn Se Bedienung wünschen ...?« Schon rief er zur Küchentür: »Minna?«

Wieder war die junge Dame zur Auskunft bereit: »Die ist zur Forbriefung!«

Jottlieb wurde richtig kribbelig: »Hören Se mal, können Se sich mal übersetzen, ins Deutsche?«

Aber det war nich mehr nötig, denn nu kam Martha zurück und wunderte sich, det Jottlieb nich uff der Versammlung war: »Is et schon vorbei?«

»Nee, Martha ..., du mußt kommen, ick brauch Verstärkung ...!«

»Jut«, sagte Martha, »und ick brauch 'ne Stärkung!«

Die wollte se sich von der Theke holen, aber dazu kam es nich mehr. Denn wie een Vorhang überm letzten Akt der Familientragödie jing die Türe uff, und Elfi kam rin, jefolgt von eenem jungen Mann.

Von der Ofenbank erklang een Piepser des Erstaunens: »Gurt? Mei Gurtchen?«

Und Martha schloß ihre total übermüdete Schwiegertochter erleichtert in die Arme: »Elfi ..., da biste ja!«

Da erkannte Jottlieb, det mit Martha nich zu rechnen war.

Er marschierte in den Saal zurück: »Allet muß man alleene machen ...!«

Gottlieb kam im richtigen Augenblick in die Versammlung zurück, denn Butt rief gerade fragend: »Liegen weitere Wortmeldungen vor?«

Und schon hatten wir Jottlieb wieder uff'm Hals. »Jawoll ..., icke! Ick lege Protest ein und beantrage, det hier det ›Schützenhaus‹ stehenbleibt ..., weil ..., weil es nämlich een Stücke Sozialismus ist ..., äh ...!«

Am Vorstandstisch wurde es so stille, det man 'ne Stecknadel jehört hätte, falls eene runterjefallen wäre!

Butt warf mir eenen ermunternden Blick zu, und ick fragte meinen Vater: »Haste det von Martha?«

»Ick brauch keenen Vormund ..., ick weeß selber, wat ick zu sagen habe!«

Jottlieb war wohl selber von seinem spontanen Einfall überrumpelt worden, er sah jedenfalls richtig stolz aus, wie jemand, der det Jefühl hat, nich mehr uff'm Holzweg zu pilgern. Und Jottlieb legte nu erst richtig los: »Ja – wenn hier noch allet so wäre wie damals mit die Schießstände und 'm Königs-Schuß ... und 'm Kronprinz zum Mittagstisch, denn würde ick ja nischt sagen, Herrschaften! Aber der Jenosse Butt weeß doch am besten, wie wir uns seit zwanzig Jahren hier entwickelt haben, ick nich ausjenommen, jawoll! Vom Ich zum Wir nennt man det! Wir haben hier jedenfalls den Sozialismus nich aufjebaut, damit er wieder abjerissen wird ...!«

Butt blieb janz ruhig: »Wir wissen doch alle, det es dir als ältestem Dolle am schwersten fällt, dich von deinem alten Heim zu trennen, Gottlieb! Aber du mußt doch einsehen, daß das alte Schützenhaus nicht mehr zwischen die neuen Bauten paßt ...?« Und er zeigte wieder uff det Modell der neuen Gartenstadt.

Aber Jottlieb war in Fahrt: »Wieso? Die Marienkirche haben se uff'm Alex *ooch* stehenlassen ..., und die is noch älter, jawoll ... Und ... und den ollen Neptunbrunnen haben so sojar extra wieder hinjestellt, mittenmang die modernen Klötzer –! Mir soll keener sagen, det mein ollet Schützenhaus nich mehr in de Landschaft paßt!«

Da meldete sich überraschend Krümel zu Worte und schlug vor: »Sie könnten ja Denkmalsschutz beantragen, Herr Dolle!«

Butt runzelte die Stirn. Aber mir war sofort klar, det Krümel uns Dolles eene joldene Eselsbrücke bauen wollte: Antrag uff Denkmalsschutz bedeutete Zeitjewinn und führte schließlich zu nischt!

Jottlieb hätte der Projekt-Tante am liebsten uff die Schulter jekloppt, aber seine Arme waren nich lang jenug. Jedenfalls rief er anerkennend: »Denkmalsschutz? Det is det erste vernünftige Wort, det ick hier höre!«

Und dabei blieb es denn ooch. Und die Versammlung konnte sich endlich in Wohljefallen auflösen!

Nich ganz so wohljefällig löste sich nu die Familientragödie auf. Elfi war in Dresden wieder umjekehrt und nach Oberwiesenthal zurückjefahren, um sich mit Paule auszusprechen. Aber Paule war schon mit seiner Freundin per Taxi weg. Nu aber machte Elfi die Bekanntschaft mit Evchens Verlobten, Kurt, der gekommen war, seine lädierte Eva nach Hause zu holen, nach Mittweida.

Auch der junge Mann hatte wat mit Dichtungen zu tun. Er war Klempner. Trotzdem verfügte er noch über keenen fahrbaren Untersatz und war per Reichsbahn unterwegs. Er zeigte Elfi eenen Brief, den ihm die reizende Spinnerin jeschrieben hatte:

»Mein lieber Kurt! Es geht mir gut, und mein Bein tut schon gar nicht mehr weh. Hier im Silberblick sind alle sehr nett zu mir. Und ich vertreibe mir die Zeit mit Dichten, wie Du Dir denken kannst. Ich habe einen älteren Herrn aus Berlin kennengelernt, der sich sehr für meine Lyrik interessiert, denn seine Frau leitet in Berlin ein Kulturhaus und hat überhaupt sehr gute Verbindungen. Herr Dolle will meine Gedichte unbedingt mit nach Berlin nehmen, um sie seiner Frau zu zeigen. Vielleicht wird sie sogar für mich bürgen, beim Verband, was ja bisher niemand wollte, wie Du weißt! Leider geht ja mein Urlaub zu Ende, und ich versuche, recht viel zu dichten, damit sich Frau Dolle ein umfassendes Bild von meinem Talent machen kann. Drücke mir also die Daumen und sei selber recht herzlich gedrückt von Deiner Eva!

PS: Kollege Dolle findet besonders meine Liebeslyrik einmalig!«

Kurz entschlossen wurde nu unser Wartburg kurzjeschlossen, Elfi setzte sich hinters Lenkrad, der junge Klempner klemmte sich uff'n Nebensitz, und in Rekordzeit erreichte Elfi ihr Ziel. Keen Wunder, det se nu kaum noch aus'n Oogen kieken konnte vor Müdigkeit. Ihre erste Frage an Martha war: »Weiß Paul schon, daß er Vater wird?«

»Nee ..., soweit sind wir jar nich jekommen ...!«

»Er soll's auch nicht erfahren!«

»Wat denn –? Überhaupt nich?«

»Alles zu seiner Zeit, Mutter!«

Vor allem war Elfi ooch zu müde, sich mit der jungen Autorin über Lyrik zu unterhalten. Sie mußte erst mal 'n bißken pennen ...! Martha brachte sie nach oben, wo Paule ja schon seinerseits schlummerte.

»Ick hab ihm 'ne Schlaftablette jejeben, Elfi ..., weil er so'ne Schmerzen hatte ... mit dem frischen Bruch ...!«

Elfi betrachtete ihren verunglückten Lebemann nicht ohne Mitleid: »Ein bißchen Strafe hat er ja verdient ..., aber sich gleich die Knochen brechen ...?«

»Die Liebe und der Suff ...!« Na ja, Martha kannte det Leben. Elfi zog sich aus und legte sich neben dem schnarchenden Paul auf ihre Betthälfte. Mütterlich deckte Martha sie zu und erkundigte sich flüsternd: »Und wat mach ick nu unten mit det sächsische Pärchen?«

Aber Elfi war schon einjeschlafen. Eene Schlaftablette hatte se nich nötig!

Det sächsische Pärchen hatte sich inzwischen ausjesprochen. Natürlich in erzgebirgischer Mundart, und es klang allet so'n bißken wie uff der Jahresendschallplatte vom »Feueroomt« und »Vugelbeerbaam«. Und so kann ick nich jenau berichten, wat die beeden bekakelt haben. Jedenfalls sahen se janz zufrieden und glücklich aus. Und eigentlich waren nur noch zwei Fragen offen: Eva-Elviras Schnellhefter voller Lyrik für Elfi und deren Urteil ... und wie se nu wieder nach Mittweida kämen. Denn Evchens Urlaub im Silberblick war ja zu Ende!

Martha entschied: »Bis morgen müssen Se schon hierbleiben. Erst müssen Elfi und Paule wieder munter sein!«

Der eigentliche Held des Tages aber war Gottlieb!

Als Martha von *seinem* Denkmalsschutz hörte, war ooch für sie der Tag jeloofen …

Für Minna traf det nich janz zu. Mit ihrer Fahrerlaubnis war nischt jeworden. Zur polizeilichen Prüfung war es ooch jar nich erst jekommen. Ihr Schicksal wurde eene Kreuzung mit Zebra-Streifen und allen Schikanen! Jenau uff dieser Kreuzung blieb Minna bei »Grün« stehen, mit abjewürgtem Motor ihres Lehr-Trabbis. In der Hauptverkehrszeit!

Mit mühsamer Selbstbeherrschung knurrte ihr Fahrlehrer seine Anweisungen: »Starten, Frau Ziegenhals …, Gas geben …, den ersten Gang rein …, Kupplung loslassen …!«

Der Trabbi machte eenen kurzen Hopser nach vorn, dann war der Motor wieder abjewürgt.

»Nicht doch auf die Bremse treten, Frau Ziegenhals! Noch mal anlassen …, Gas geben …, Kupplung treten …, ganz ruhig bleiben …, nicht die Nerven verlieren …, den ersten Gang rein …, nein, nicht doch den vierten …, nicht doch immer den Motor abwürgen!«

»Würgen, würgen!« japste die schwitzende Fahrschülerin. »Ick tu dem Motor überhaupt nischt …!«

»Sie nehmen den linken Fuß immer zu schnell von der Kupplung und treten dann die Bremse …!«

»Ach nee, Sie Witzbold! Ick würge also mit meine *Beene* –?! Wo jibt's denn sowat?«

Wieder machte der Trabbi eenen Satz nach vorn …, uff'n Zebrastreifen! Und beinah wär's passiert: Een Passant stützte sich erschrocken uff de Motorhaube und verlor dabei seinen Hut. Eene spiegelblanke Glatze kam zum Vorschein. Und det nich mehr ganz so glatte Jesicht eenes älteren Herrn starrte wütend durch die Windschutzscheibe. Und Minna mußte plötzlich an eenen jewissen Klavierstimmer und Glatzendarsteller denken, der ooch mal in »Gärtnerslust« 'n Luftschutzwart jemacht hatte … Egon Krauthaar!

Aber ooch die Falten im wütenden Jesicht des Glatzkopps verzogen sich zu eenem überraschten Grinsen: »Is det nich Minna Ziegenhals?«

Schon mischte sich der diensttuende Verkehrspolizist ein: »Hauptwachtmeister Jägerlein! Personenschaden?«

Der Glatzkopp fischte seinen Hut unter dem Trabbi hervor und beteuerte: »Nee, nee …, allet in Butter, Jenosse …!«

Minna öffnete die Tür, stieg aus und strahlte den Glatzkopp an, wie im Tran: »Sie haben mich erkannt …, nach soville Jahre?«

»Sie haben sich überhaupt nich verändert!« Krauthaar meinte det jedenfalls als Kompliment. Der Hauptwachtmeister jeriet immer mehr ins Staunen: »Fahren Sie nicht weiter?«

Der Fahrlehrer erklärte seufzend: »Sie würgt immer den Motor ab …!«

Da knallte Minna die Tür zu und sagte zum Wachtmeister: »Ick loofe lieber …, sonst würge ick noch meinen *Fahrlehrer* ab!«

So kam nu Minna ohne Fahrerlaubnis nach Hause, aber mit Egon Krauthaar, der es sich nich nehmen ließ, den Dolles und dem ehemaligen »Schützenhaus« nach fast dreißig Jahre wieder »juten Abend« zu sagen. Es wurde jewissermaßen die Krönung des Tages. Besonders für Jottlieb, der ja mit Egon Krauthaar die meisten Erinnerungen auszutauschen hatte!

Und zu vorjerückter Stunde dichtete Eva-Elvira Boche een' Opus uff Egon und Minna, det von nie rostender Liebe handelte. Und der galante und besoffene Egon versuchte gleich, eene Musik dadruff zu machen, uff'm Piano. Und det klang jenau so, wie wenn er det Klavier stimmen wollte! Aber Evchen-E. Boche war bejeistert und fand das sehr modern …

Uff eenmal war det Pärchen verschwunden. Und Jottlieb meinte anerkennend: »Je öller, je döller!«

Minna hatte den Glatzkopp mehrmals am Ärmel jezuppt und jewispert: »Ick halt's nich mehr aus, Egon …, kommen Se …!«

»Wohin denn?«

»Draußen … in' Schuppen …!«

Egon wurde fast wieder nüchtern: »Hören Se mal, Minna …, det wir uns richtig verstehen …, ick meine …, vor dreißig Jahren wär det wat anderet jewesen …, aber …, äh …«

Aber Minna zog ihn mit sich, raus zum Schuppen uff'm Hof, und wisperte verführerisch: »Ick will Ihnen doch nur wat zeigen …!«

»Wenn ick det jewußt hätte …«, sträubte sich Egon und dachte schon an Flucht. Aber Minna öffnete die Schuppentür und knipste det Licht an. Und wieder sah sich Egon direkt eenem Trabbi jegenüber!

»Na, wat sagen Se nu?« wollte Minna wissen, nicht ohne Besitzerstolz.

»Wenn Sie'n Käufer suchen, sind Se bei mir an der falschen Adresse …, leider …!« Doch sein begehrlicher Blick uff det Auto war nich zu übersehen.

»Wer red't denn vom Koofen?« säuselte Minna.

Argwöhnisch spitzte Egon Krauthaar die Ohren: »Wie soll ick det verstehen, Frau Ziegenhals?«

Da winkte Minna fast neckisch ab und knipste det Licht wieder aus: »Reden wir'n andermal drüber, Herr Krauthaar …, muß ja nich allet gleich beim ersten Mal jeregelt werden …!«

Am nächsten Morjen ließ sich Minna von Martha Urlaub jeben und fuhr zum Kosmetik-Salon in de Karl-Marx-Allee.

»Womit kann ich Ihnen dienen?« flötete die elegante Direktrice und führte Minna zu eenem Behandlungsstuhl.

»Mit eener Jeneralüberholung!«

Die Direktrice nahm diesen Schicksalsschlag hin, ohne ooch nur mit einer ihrer jeklebten Wimpern zu zucken. Sie beugte sich prüfend über die Kundin, fand, daß die für een häßlichet junges Entchen wohl doch schon zu alt wäre, und klatschte dann befehlend in die Hände: »Kolleginnen –?!« Aus den verschiedenen Kabinen tauchten nu Kosmetikerinnen auf …!

»Her zu mir, ich brauche euch *alle* –!«

Minna ließ sich nu uffhübschen für ihr nächstet Rendezvous mit Egon Krauthaar!

Am selben Morgen war Paule von uns allen zuerst wach. Als er neben sich seine schlummernde Elfi erblickte, plumpste ihm een Stein vom Herzen, so schwer wie sein Jipsbeen!

»Da biste ja, Elfi …!«

Er richtete sich auf und starrte liebevoll uff sein Weib: »Und ick hatte schon jedacht, du wolltest dir von Bett und Tisch und mir trennen …!«

Elfi blinzelte im Halbschlaf und wälzte sich grunzend uff die andere Seite.

»Ick jeb's ja zu, Elfi, det mir die kleene Spinnerin jut jefallen hat … Ick war eben sauer uff dich, weil du nich mit mir in Urlaub fahren wolltest … Na ja, und dann war ick ooch ziemlich besoffen an dem Abend …, kannste den Barmixer fragen … Aber passiert ist überhaupt nischt … Aber ooch det hätte eben nich passieren dürfen, ick weeß … Aber nu biste ja wieder da …, wo du hinjehörst …, an meine Seite … Hörste mir überhaupt zu?«

Elfi kniff die Oogen zu: »Nee!«

»Na jut, denn will ick dir mal wat sagen: Wie wär's, wenn wir zwei beede noch mal janz von vorne anfangen würden? So ... wie vor zwanzig Jahren ...? Wir müssen ja sowieso neu anfangen, wo wir nu doch abjerissen werden ... Warum also nich ooch mit der Liebe ... allet noch mal so wie damals? Nu kriegen wir ja ooch endlich 'ne *eigene* Wohnung ..., und ..., und Opa und Oma werden wir ja nu ooch bald ..., zur silbernen Hochzeit ... Na, mir wär's ja lieber, wir würden noch mal Papa und Mama ..., wie vor zwanzig Jahren ... Mensch, warum eigentlich nich? Wir haben jottseidank zeitig jenug jeheiratet, um uns sowat uff unsere alten Tage leisten zu können ... Na ja, muß ja nich gleich sein, Elfi ... Ick jebe dir 'n paar Tage Bedenkzeit ...!«

Da drehte sich Elfi uff'n Rücken und sagte: »Leider ist das Baby schon unterwegs!«

»Wat sagste da??«

»Ich sagte: Das Baby is schon unterwegs ..., *leider*!«

»Aber ..., aber wieso sagste denn dauernd ›leider‹?«

Da lächelte Elfi zärtlich: »Na ja, erst das Kind und dann den Wunsch ..., ist eben kein richtiges Wunschkind ...!«

»Ach wat – es jibt ja ooch *jeheime* Wünsche! Is et also een jeheimes Wunschkind!«

Und nu war endlich der Versöhnungskuß fällig. Und der dauerte ziemlich lange, denn es mußte ja nu ooch det neue Liebes- und Eheglück besiegelt werden ...

Der Besuch aus Mittweida hatte die Nacht in Annis Zimmer verbracht, denn Anni düste wieder irgendwo in der Weltjeschichte rum.

Eva-Elvira Boche hatte jroßen Bammel vor Elfi.

Aber die war nu sehr freundlich zu ihr und wollte sojar die jesammelten Werke der reizenden Spinnerin studieren. Und zwar im Urlauber-Heim »Zum Silberblick«!

Ja, Elfi wollte den anjebrochenen Urlaub mit dem anjebrochenen Paule fortsetzen, weil sie ja wirklich die Erholung brauchte. So wurden also die beiden Jipsbeen-Patienten wieder in Paules Wartburg verstaut, Elfi setzte sich wieder ans Lenkrad, und der Klempner Kurt klemmte sich wieder uff'n Nebensitz ...! Und in Mittweida machte Elfi Station für Evchen und ihren »Gurt« ... Tschüs und Auf Wiedersehen! Und Elfi mußte noch mal hoch und heilig versprechen, der Lyrikerin bald Bescheid zu geben!

Und im »Silberblick« kiekte der Heimleiter erschrocken uff det »heimkehrende« Ehepaar Dolle, denn er war schon nahe daran jewesen, det Zimmer unterderhand anderweitig zu vergeben ...

Bald wurde es nu Frühling, ooch wettermäßig. Und im »Volkshaus A. Glaßbrenner« und dem umliegenden Järtnerslust regte sich keener mehr über Abriß und Räumung uff. Die Jartenfreunde bereiteten sich uff eene letzte Ernte vor, ihre Galgenfrist dauerte bis Oktober 69.

Für Dolles Abriß-Objekt gab es noch keene feste Galgenfrist. Jeduldig lauerten Martha und Jottlieb uff eenen amtlichen Bescheid in Sachen »Denkmalsschutz«! Martha hatte den Antrag schriftlich jestellt, und ick hatte ihn sojar unterschrieben, obwohl ick mir nich ville Hoffnung machte. Für mich lief det Unternehmen unter: Kommt Zeit, kommt Rat!

Im Rat des Stadtbezirks hatte man mir jesagt, det man wenigstens hundert Jahre alt sein muß als Denkmal ...!

(Damals wußte ick noch nich, det Krümel sich ernsthaft für ’n Denkmalsschutz einsetzte und sich damit nur unbeliebt bei ihre vorjesetzte Stellen machte.) Krümel vermutete, det unser »Schützenhaus« eene längere Jeschichte haben müßte, als se im Kataster stand, nämlich 73 Jahre!

»Macht euch nich allzuviel Hoffnungen!« bemerkte ick hin und wieder zu Vater oder Martha.

Aber Jottlieb ließ sich nischt madig machen: »Det Canasta-Amt kann mich mal!«

Und es fiel ihm nich schwer, det Baujahr vom Neptun-Brunnen rauszukriegen.

»Der is ooch erst 78 …, und trotzdem haben se ihm wieder hinjestellt! Wat heißt also hier ›hundert Jahre‹?«

Nee, Jottlieb blieb eene harte Nuß.

Nu verfiel er druff, sein ollet »Schützenhaus« noch denkmalswürdiger zu machen, als es war, wat man Patina nennt!

Er packte also Moosfladen uffs Dach und begoß se aus de Dachluken mit Blumendünger. Und in sämtliche Zoo-Handlungen fragte er nach Holzwürmer, die er gerne uff det Fachwerk und de Treppen losjelassen hätte. Aber es waren nur Mehlwürmer im Anjebot!

Während Jottlieb also uff Patina aus war, verjüngte sich Tante Nöle die Fassade durch jeballte kosmetische Ladungen aus Creme und jrüne Jurken! Und sie hatte damit schließlich mehr Erfolg wie Vatern mit seiner »Veralterungskur«!

Egon Krauthaar besaß eene alte Fahrerlaubnis, von anno 47! Sein janzes Leben aber blieb er ohne eigenes Auto, bis Minna ihn uff’n Kühler nahm. Nu lockte Minna mit ihrem Trabbi, den Krauthaar janz gratis haben könnte, wenn ooch mit Minna als Maskottchen!

Krauthaar war Rentner, arbeitete aber noch als Mumienwächter bei Pergamons, wie er sagte! Zwei Frauen hatte Egon schon uff'm Friedhof zu bejießen. Und nu sollte er ein drittes Mal vor den Altar treten. Er bat sich een paar Probefahrten ins Grüne mit Minna und dem Trabbi aus. Tatsächlich kam er wieder in Übung, nich nur wat det Autofahren betraf.

Und eenes schönes Sommertages gab Egon Krauthaar unserer Minna sein Jawort!

Nach diesem freudigen Ereignis kam een unerfreuliches. Nämlich een Schreiben vom Magistrat mit dem offiziellen Bescheid, daß das betreffende Bauwerk nach sorgfältiger Prüfung nicht als erhaltungswürdig anerkannt werden kann und damit der Antrag der Familie Willi Dolle hiermit abgelehnt wird! Mit sozialistischem Gruß ...

Für Jottlieb war det Schreiben natürlich een wertloser Wisch! Denn: Eene Prüfung vor Ort hatte noch nich stattjefunden. Also: »Wir legen Berufung ein, Martha!«

Auch Butt hatte von dem Schreiben Kenntnis erhalten und kam nu persönlich in die Höhle des Löwen Gottlieb. Und brachte den Abfindungsvertrag mit: »Die Höhe der Entschädigungssumme wird es euch leicht machen, euch mit der Abfindung abzufinden!«

Und die war tatsächlich sehr jroßzügig. Det fand sojar meine jeschäftstüchtige Martha.

Demonstrativ unterschrieb ick den Vertrag, für meine Hälfte. Und hielt dann Martha den Federhalter hin: »Bringen wir's hinter uns, ollet Mädchen!«

Aber Jottlieb, der ja juristisch nischt mehr zu melden hatte, meldete sich moralisch: »Martha – untersteh dir!«

Martha zögerte jehorsam.

»Unterschreib schon, Martha!« drängelte ick.

Wieder mischte sich Jottlieb ein und fauchte: »Martha ..., ick habe jesagt: ›Nur über meine Leiche!‹ Willste mir unter die Erde bringen?«

Da legte Martha den Federhalter zurück und erklärte: »Sowat soll man sich immer noch mal überschlafen, Hein! Kommt ja nu wohl ooch nich uff'n paar Tage mehr oder weniger an!« Sie legte den Vertrag in die Schreibtischschublade und schloß ab.

Butt behielt seine jute Laune, haute Vatern kameradschaftlich uff die Schultern und lachte: »Konzentrier dich lieber auf deine zwanzig Klimmzüge, Gottlieb! Wenn du die zum Jahrestag schaffst, kommste in die Zeitung, det versprech ick dir!«

Doch Jottlieb knurrte nur: »Wenn ick dot bin, komm ick *ooch* in de Zeitung!«

Abends im Bette sagte Martha dann zu mir: »Wat machen wir bloß mit Vatern?«

Sie wußte natürlich, det ihre Unterschrift entscheidend war, nich nur für Haus und Hof, sondern ooch für det Wohlbefinden ihres Schwiegervaters, mit dem se immer jemeinsame Sache jemacht hatte!

Jetzt stand sein 80. Geburtstag bevor. Da wollte Martha ihn uff keenen Fall mit ihrer Unterschrift erfreuen. Uff keenen Fall!

»Alte Bäume soll man nich mehr verpflanzen, Willi ..., und schon jar nich ausreißen ...«

Irgendwie tat mir Martha richtig leid, und mein Vater natürlich ooch. Aber wat war zu machen?

»Wenn ick nu überhaupt nich unterschreibe, Willi, wat passiert 'n dann?«

»Dann jibt's wahrscheinlich 'ne Enteignung!«

»Enteignung?« Martha schüttelte den Kopp: »Nee ..., det wagen die sich nich! Det haben se ja nich mal 45 jemacht, als Butt mit de Russen kam ...«

Aber da war ick doch nich janz sicher. »Verjiß nich die Entschädigung, Martha ..., die hätten wir damals nich kassieren können!«

Also: Enteignung mit Entschädigung ... Hm! Martha jrübelte noch 'ne Weile vor sich hin und entschied dann: »Wir warten erst mal Vaterns Jeburtstag ab, Willi!«

Gottliebs 80. Jeburtstag fand im August 69 statt. Natürlich hatte sich ooch Urenkel Peter aus Rostock anjesagt. Und ooch Anni, unsere Untermieterin, wollte nich fehlen. Elfi war schon uff Schwangerschaftsurlaub zu Hause, und Paule erlitt wieder seine Jeburtswehen, wie vor zwanzig Jahren, anno 49.

Natürlich waren ooch Minna und Egon Krauthaar eingeladen. Nur Butt konnte nich kommen. Der machte mit seiner Käthe Ferien an der Ostsee. Vielleicht wollte er Vatern ooch bloß 'ne Jeburtstagsfreude machen mit seiner Abwesenheit!

Mit vielen anderen Briefen und Päckchen für det Jeburtstagskind brachte die Post ooch am Jeburtstagsmorgen een großet Paket für Dolles ...! Und Martha, die an diesem Morgen wieder mal durch Küche und Jaststube sauste, wie een Knallfrosch, stellte det Paket zu den anderen Jeschenken uff'n Gabentisch, ohne hinzukieken, denn in de Küche pfiff der Wasserkessel nach ihr.

Stewardeß Anni sorgte für zusätzliche Uffregung, indem se von ihrem Linienflug noch nich nach Hause jekommen war! Hoffentlich war nischt passiert ...

Um so pünktlicher erschien unser Seemann Peter. Der legte sein Jeschenk-Päckchen uff'n Gabentisch und vergaß vor lauter Sorge um seine Anni beinahe, seinem Opa zu jratulieren …! Gottlieb hatte sich zum festlichen Frühstück in seinen immergrünen Smoking jehüllt, ließ die Jeburtstagskur der Familie feierlich über sich ergehen und widmete sich dann neujierig dem Gabentisch. Schon fing er an, die Päckchen uffzuknüppern …

»Komm doch erst Kaffe trinken, Gottlieb!« bat Martha.

Aber Jottlieb hatte schon det jroße Paket jeöffnet und staunte: »Soll det 'n Witz sein?«

Und er förderte nu lauter jewirkte Babysachen zutage, in Rosa und in Hellblau … Garnituren und Höschen und Mützchen! »Ick bin doch schon lange aus de Windeln raus …?«

Aber da stürzten sich schon Martha und Elfi mit glänzenden Oogen uff die Babysachen: »Jott – is det *süß* –!«

»Man riecht schon richtig die vollen Windeln!« mokierte sich Gottlieb enttäuscht, weil die Strampelhöschen für ihn zu kleen waren. Aber die beiden Frauen wühlten verzückt in den Babysachen.

»Und … allet doppelt!« freute sich Martha. »Eenmal für'n Jungen und eenmal für'n Mädchen … und reine Baumwolle!«

Und Minna nölte ermunternd ihre Nichte voll: »Da wären ungleiche Zwillinge am praktischsten, wat, Elfi?«

Prompt litt Paule wieder an seiner einjebildeten Schwangerschaft und stöhnte uff: »Bloß keene Zwillinge …, dafür bin ick zu alt …!«

Nu kam die nächste freudige Überraschung, und nich nur für det Jeburtstagskind. Unsere Stewardeß erschien wohlbehalten mit'm Taxi, direktemang vom Flughafen. Überall war Nebel jewesen, in Budapest, in Prag, in Dresden …, fast hätte der Sprit nich jereicht bei dem vielen Hin und Her! Na ja, manchmal dauert det Fliegen eben länger als Loofen!

Ooch Anni freute sich fraulich über die Baby-Sachen, die sich nu inzwischen als Gabe aus Mittweida entpuppt hatten. Eva-E. Boche wollte damit ihre Dankbarkeit erweisen. Denn dank Elfis schriftlicher Fürbitte war se endlich im Zirkel schreibender Arbeiter ihres Betriebes aufjenommen worden. Wenn ooch nur als so'ne Art Kandidatin!

Martha hörte nu endlich uff mit ihre verzückte Wühlerei, machte den Karton wieder zu und sagte zu Elfi und Anni: »Det reicht für euch beede!« Woraufhin Anni leicht rosa anlief.

Nu knüpperte der Jubilar Peters Päckchen uff. Und det hatte es in sich.

»Det is eigentlich mehr een Jeschenk von meinem zukünftigen Schwiegervater!« erklärte Peter. »Kapitän Priem. Hat er von seiner letzten Nordafrikareise mitjebracht!«

Noch wußte Jottlieb nich, wat er damit anfangen sollte: »Is ja allet zertöppert?«

»Sind ja ooch echte Ausgrabungsstücke ...!« erklärte Peter.

»Münzen sind ja ooch dabei?« staunte Jottlieb mit erwachendem Interesse.

»Römische, Opa ...!«

Minna bestaunte nu ihrerseits det Jeschenk: »Mit die Scherben drumrum sieht det aus, wie wenn een kleener Römer sein Sparschwein jeschlachtet hätte ...«

Wieder erklärte Peter: »Die Scherben sind wirklich original ... und die Münzen ooch!«

»Römische Münzen ...!« murmelte Gottlieb vor sich hin. Und irgendwie fiel da bei ihm een römischer Groschen. Leider hörte keener von uns, wie es bei ihm klingelte ...

Aber Peter hatte ooch wat für seine Oma mitjebracht. Det war nich unbedingt für Jottliebs Ohren bestimmt. Es handelte sich um een »verlockendes Anjebot«, wie Peter sagte ..., für die Zukunft der Dolles. Vor allem wollte er damit wohl Martha die Unterschrift erleichtern, der jute Junge! Jedenfalls ging es um een Haus in Warnemünde, det Verwandten vom Kapitän Priem jehörte und zum Verkauf stand, direkt »achtern Strom«. Mit Zimmern für Sommerjäste des Reisebüros. Und nich nur sehr preisjünstig, sondern ooch ideal für eene zukünftige Rentnerin wie Martha. Jedenfalls war Peter dieser Meinung. Ooch Elfi und Paule waren dafür. Selbst Martha fand, det es am besten wäre, een neues Leben ooch in eener neuen Jegend anzufangen. Und Warnemünde war ja schön weit weg vom ollen Berlin ...

Aber unterschreiben wollte Martha noch immer nich! Sie wollte nich riskieren, det unser ehrwürdiges Familiennest noch vor dem 20. Jahrestag zum Abriß freijejeben würde ...! Nee, im ollen »Schützenhaus« sollte nach Marthas Willen jenau am 7. Oktober 1969 eene jroße Gala-Familien-Abschiedsfete stattfinden, jewissermaßen als würdiger Abjang ...

Peters 20. Jeburtstag und seine Hochzeit mit Anni sollten der Höhepunkt werden und möglicherweise die Jeburt eenes neuen Dolle, von wegen det neue Leben aus die Ruinen! Aber ooch die Hochzeit von Minna und Krauthaar stand uff'm Programm!

In »Järtnerslust« breitete sich immer mehr die Trostlosigkeit aus. Zum Teil hatten die Jartenfreunde schon ihre Parzellen abjeernt et, und viele Dauerwohner zogen schon aus und machten aus ihren hübschen Lauben Bruchbuden. Die meisten Karnickel und Hühner kamen in' Kochtopp, nur die Jänse wurden noch aufjespart, für Weihnachten. Bei Regenwetter sah die janze Gegend besonders triste aus. Und vor allem die ollen Leute erinnerten sich: »Wie gleich nach'm Krieg ...!«

Für Martha wurde es nu Zeit, den Entschädigungsvertrag zu unterschreiben. Ihr Jewissen beruhigte se mit dem Arjument: »Vatern wird sich dort an der Ostsee bestimmt wohl fühlen. Zur See wollte er doch schon immer!«

Dann öffnete sie die Schreibtischschublade. Vom Vertrag keene Spur!

Ick ahnte sofort: »Den hat sich Vatern untern Nagel jerissen!« Und sofort machte ick mich uff die Suche nach dem Übeltäter. Schließlich fand ick ihn draußen, wo er hinterm Garagenschuppen eene tiefe Grube aushob. Ick war davon so überrascht, det ick den verschwundenen Vertrag janz vergaß: »Wat machst du denn da?«

»Siehste doch, ich heb 'ne Grube aus!«

»Wofür denn?«

»Für'n Müll natürlich. Oder solln wir wieder vier Wochen uff de Abfuhr lauern?«

Da hopste ick zu Vatern in die Grube und wollte ihm den Spaten wegnehmen: »Laß mich det machen, Vater. Sei vernünftig, denk doch an dein Rheuma!«

Aber Jottlieb rückte den Spaten nich raus: »Erstens is det die Jicht und keen Rheuma ..., und zweetens buddle *icke*! Und damit basta!«

Nu konnte ick's mir doch nich verkneifen und höhnte: »Willst wohl den Vertrag verbuddeln, wat?« Und kletterte wieder nach oben. Keene Antwort.

»Würde ooch nischt mehr helfen, Vater!«

»Abwarten!« kam es orakelhaft aus der Tiefe der Grube!

Een paar Tage druff erzählte uns Egon Krauthaar, det er Jottlieb im Pergamonmuseum jesichtet hätte.

Gottlieb wollte zu die ollen Römer! Mehr wußte Egon ooch nich.

Aber dann ließ mich Butt kommen, dienstlich! Und »streng vertraulich«! Er hielt mir een Schreiben vom Ministerium für Kultur, Abteilung Staatl. Museen, unter die Neese: »Dein Vater is nu wohl völlig überjeschnappt!«

Aus dem Schreiben ging hervor, det Vater eenem Museologen im Pergamonmuseum eidesstattlich versichert hatte, daß er die bewußten Scherben und Münzen uff *seinem* Jrundstück jefunden hätte und eenen Antrag uff archäologische Grabungen jestellt hatte ...! Das Ministerium fragte nu beim Stadtbezirk an, wie mögliche Ausgrabungen mit dem bevorstehenden Bebauungsplan »Gartenstadt« in Einklang zu bringen wären.

Det war wirklich een dicker Hund!

Irreführung der Behörden ... Meineid! Und det mit 80 Jahren! Aber ooch Butt war nich bereit, den ollen Sünder ans Messer zu liefern. Er sann uff eene elejantere Lösung der Affäre und tippte uff det Schreiben vom Ministerium: »Papier is jeduldig, Willi ... Mit der Antwort können wir uns Zeit lassen ... Ick weeß schon unjefähr, wie se lauten könnte: Archäologische Ausgrabungen durch Mitarbeiter des Museums leider nicht mehr möglich ..., wir sagen jedoch zu, bei den Tiefbauarbeiten größte Aufmerksamkeit und Sorgfalt walten zu lassen ...«

»Aber Hein ..., wenn Vater nu wieder ins Museum rennt, weil nischt passiert ...? Der rennt uns doch noch zum Staatsrat, Mensch ...!«

»Hm ...!« machte Butt und grübelte wieder een bißken und sagte: »Wir müssen ihn eben vorher stolpern lassen, über seine eigene Grube ..., wie schon det schöne Sprichwort sagt!«

»Schön und jut! Aber wie?«

Da griff Butt zum Telefon und ließ sich mit eenem alten Schulfreund verbinden, der jetzt irgendwo im Bezirk Potsdam een Heimatmuseum leitete.

Und dann nahmen die Dinge ihren Lauf!

Vater hatte uns noch nischt von seinem Streich jesagt. Aber er rannte jeden Morgen zum Briefkasten in der Hoffnung uff eene Nachricht vom Pergamonmuseum. Die wollte er uns dann triumphierend unter die Neesen halten! Es kam aber keen Brief, sondern een junger Mann, der sich als Doktor Noack, Archivar und Museologe, vorstellte. Er käme im Auftrag, um das Gelände für die vorgesehenen Ausgrabungen zu besichtigen. Und nu sah Vater den Zeitpunkt für gekommen, seiner Familie reinen Wein einzuschenken. Und triumphierend röhrte er: »So, Herrschaften – nu haben wir *doch* noch unsern Denkmalsschutz! So'ne Ausgrabungen können Jahre dauern ..., denkt bloß an die schöne Helena!«

Und dann fügte er listig flüsternd hinzu: »Ihr könnt mir aber ooch verpfeifen, wenn euch danach is ...«

Natürlich taten wir nu alle so, als ob wir von nischt wat wüßten, und heuchelten Bestürzung.

Zufrieden führte Jottlieb den Archivar Noack hinaus, um ihm die Fundstelle der Scherben und Münzen – (die er übrigens dem Museum zu treuen Händen überlassen hatte) – zu zeigen! Drinnen drückten wir uns jegenseitig die Daumen. Hoffentlich jing allet glatt!

Nur Egon Krauthaar war etwas begriffsstutzig: »*Den* Doktor kenn ick nich ..., der is nich aus unserm Museum.«

Da wies ihn seine Minna zurecht: »Halt dir da raus, Egon, det hier is allet Butts Sache!« Und uff Butt ließ Minna noch immer nischt kommen.

Draußen kiekte der junge Museologe tiefsinnig in die Tiefe von Vaterns angeblicher Müllgrube und dozierte: »Es könnte sich um eine Niederlassung slawischer Kaufleute handeln, die mit Byzanz Handel trieben …, hm …?«

»Nich mit Rom?«

»Ost – Rom!«

Da grinste Jottlieb vertraulich: »Denn sind die Münzen jewissermaßen Ostjeld, wat?«

Der junge Wissenschaftler jing aber nich daruff ein. Doch Vaterns Bemerkung brachte ihn uff den Hinweis: »Was den Finderlohn betrifft, Herr Dolle, machen Sie sich bitte keine falschen Hoffnungen. Da behält der Staat die Hand drauf!«

»Ach, det macht nischt …, det macht überhaupt nischt!« erklärte Jottlieb großzügig und erkundigte sich: »Wann soll's denn losjehen mit der Buddelei?«

Der Doktor antwortete ausweichend: »Sie werden von uns hören, Herr Dolle …!«

»Mir eilt's nich …, im Jegenteil, Herr Doktor!«

Dann warf der junge Mann noch eenen prüfenden Blick aufs Gelände und verabschiedete sich: »Ich hoffe, daß wir recht fündig werden!«

»Oh, natürlich …, det hoffe ick ooch!«

Dann kam Jottlieb wieder zu uns rin und trällerte vergnügt vor sich hin: »Als die Römer frech jeworden, simserimbimbimbimbim, kamen sie nach Deutschlands Norden …, simserimbimbimbimbim …!« Dazu machte er een Jesicht wie 'n Schunkelsänger. »Alle mitsingen!« Aber dazu hatten wir keene Lust. Uns jenügte *Vaterns* Frechheit!

Noch stand er ja mit eenem Been im Kittchen.

Eene eidesstattliche Erklärung is nu mal keen Aprilscherz. Schon jar nich im September …

Aber Butt hielt die Fäden in der Hand und ließ die Puppen tanzen. Die ersten Puppen, die antanzten, war eene LKW-Ladung von junge Archäologen, Jungs und Mädels, Marke »Junge Pioniere sieben ihre Heimat!«. Alle mit Spaten, Schippen und Spitzhacken bewaffnet. Det Kommando aber hatte der junge Doktor Noack. Und bald sah es rund ums »Volkshaus« aus, als hätten wir 'ne Maulwurfsplage …

Gottlieb wunderte sich zwar 'n bißken über den Großeinsatz und det Tempo der Truppe. Aber die Jeister hatte *er* ja jerufen …, da hatte er nu keenen Einfluß mehr. Er spendierte den Maulwürfen sojar eenen Kasten Brause und brachte ihn höchsteigenhändig raus … Aber dann ließ er den Kasten beinah fallen: Die Archäologen waren fündig jeworden! Sie hatten wat ausjebuddelt. Allerdings nischt Römischet, sondern wat Heimatliches aus de Bronzezeit! Na, so een Zufall aber ooch? Im Laufe des Vormittags häuften sich die Funde. Und in der Gaststube sah es allmählich so aus wie in eener Abteilung für »Vor- und Frühjeschichte« …! Scherben, Jeräte, Ketten, Schmuckstücke …!

Nu forderte der leitende Doktor ooch noch eenen Bulldozer an, telefonisch. Und Gottlieb fing an zu ahnen, det hier nich nur der Zufall die Hand im Spiel hatte …

Die janze Familie nahm »staunend« am Geschehen teil. Und Paule konnte es sich nich verkneifen, seinen schweigsamen Opa mit dem schönen Lied von den frech jewordenen Römern zu provozieren. Aber jetzt wollte *Jottlieb* nich mit einstimmen …

Als nun der junge Doktor die Familie um sich versammelte, um uns mitzuteilen, det vermutlich jenau *unter* den Kellern des ollen »Schützenhauses« die jrößte Fundstelle läge, wahrscheinlich sojar die Reste einer slawischen Siedlung nebst Grabstellen und Grundmauern, da dämmerte es endlich bei Vatern, wohin der Hase lief: Abriß!

Wie uffs Stichwort fuhr nu der anjeforderte Bulldozer vor. Der Fahrer ließ den Motor loofen und kam zu uns rin, um sich nähere Anweisungen zu holen: »Wo soll ick mit's Planieren anfangen, Kollegen?«

Als absoluter Höhepunkt erschien nu Bürgermeister Butt. Er kiekte den alten Sünder an, als wollte er sagen: Na, wie fühlt man sich so in eener Grube für andere? ... Aber er sagte tatsächlich: »Würde mich freuen, wenn wir bei den Abrißarbeiten auf weitere Funde stoßen, Gottlieb. Vielleicht finden wir sogar die Lösung des Geheimnisses der römischen Münzen ...?«

Wütend grollte Gottlieb: »So 'ne faulen Tricks ..., und det zum Jahrestag! Hätt' ick euch jar nich zujetraut ..., dir und deinen Jenossen!«

»Manches können wir eben ooch mit *Humor* nehmen, Gottlieb!«

»Ick nich!«

Und damit marschierte Vatern aus de Gaststube raus. Wir kiekten uns sprachlos an ... Dann aber rannte der Bulldozerfahrer hinter Gottlieb her: »He ..., wat soll det?!«

Draußen versuchte Gottlieb uff den Bulldozer zu klettern. Schon war der Fahrer bei ihm, versuchte, ihn wieder runterzuzerren: »Verrückt jeworden ...?!«

Schließlich landeten beide etwas unsanft uff'm Pflaster ... Aber der Bulldozer kam in Bewegung! Wie fernjesteuert brach er krachend durch die Saaltüre und verschwand im Inneren des alten Jebäudes ...! Wie een schwerer Panzer kam er am anderen Ende wieder durchs Jemäuer jekracht und landete schließlich in Vaterns Müllgrube, die inzwischen archäologisch vergrößert worden war!

Wir waren alle aus'm Haus jerannt. Und der junge Doktor raffte in verständlicher Panik seine »Leihgaben« zusammen, damit se nich noch mal ausjejraben werden mußten ...!

Der Bulldozerfahrer rannte fluchend ums Haus, um seine schwere Technik zu suchen ...

Im Dachgebälk fing es an, verdächtig zu knistern und zu knacken ...! Martha rang fassungslos die Hände und jammerte: »Stehenbleiben ..., stehenbleiben!« Und meinte damit det Haus, wo ja in een paar Tagen die jroße Abschiedsfete zum Jahrestag jefeiert werden sollte.

Ooch Minna und Elfi rauften sich die Haare und teilten Marthas Angst um die Familienfete. Paule aber kriegte wieder seine Wehen und stöhnte: »Hoffentlich kriegt det Kind keen Schock fürs Leben ...?«

Butt blieb verhältnismäßig ruhig und rief Martha zu: »Zur Not feiert ihr eben alle bei uns im Rathaus ...!«

Und immer mehr krachte es im Jebälk ...!

Gottlieb stand da wie der olle Nero vorm brennenden Rom und krächzte: »Lieber een Ende mit Schrecken ... als wie umjekehrt!«

Egon Krauthaar kratzte sich die Glatze und meinte: »Diese Dolles! Jraue Haare könnte man kriegen ..., wenn man könnte!«

Und just in diesem historischen Augenblick in der Familienjeschichte der Dolles jacherte Krümel uffs Jelände, jewissermaßen als »reitender Bote des Königs«, und wedelte mit eenem Dokument rum, aus dem hervorging, det unser ollet »Schützenhaus« jenau vor hundert Jahren, anno 1869, abjebrannt war und im Laufe der nächsten zwanzig